Heinz Bensberg

Historisches wird lebendig

Heinz Bensberg

Historisches wird lebendig

Unser kulturelles Erbe

Bloggingbooks

Impressum / Imprint
Bibliografische Information der Deutschen Nationalbibliothek: Die Deutsche Nationalbibliothek verzeichnet diese Publikation in der Deutschen Nationalbibliografie; detaillierte bibliografische Daten sind im Internet über http://dnb.d-nb.de abrufbar.
Alle in diesem Buch genannten Marken und Produktnamen unterliegen warenzeichen-, marken- oder patentrechtlichem Schutz bzw. sind Warenzeichen oder eingetragene Warenzeichen der jeweiligen Inhaber. Die Wiedergabe von Marken, Produktnamen, Gebrauchsnamen, Handelsnamen, Warenbezeichnungen u.s.w. in diesem Werk berechtigt auch ohne besondere Kennzeichnung nicht zu der Annahme, dass solche Namen im Sinne der Warenzeichen- und Markenschutzgesetzgebung als frei zu betrachten wären und daher von jedermann benutzt werden dürften.

Bibliographic information published by the Deutsche Nationalbibliothek: The Deutsche Nationalbibliothek lists this publication in the Deutsche Nationalbibliografie; detailed bibliographic data are available in the Internet at http://dnb.d-nb.de.
Any brand names and product names mentioned in this book are subject to trademark, brand or patent protection and are trademarks or registered trademarks of their respective holders. The use of brand names, product names, common names, trade names, product descriptions etc. even without a particular marking in this works is in no way to be construed to mean that such names may be regarded as unrestricted in respect of trademark and brand protection legislation and could thus be used by anyone.

Coverbild / Cover image: www.ingimage.com

Verlag / Publisher:
Bloggingbooks
ist ein Imprint der / is a trademark of
OmniScriptum GmbH & Co. KG
Heinrich-Böcking-Str. 6-8, 66121 Saarbrücken, Deutschland / Germany
Email: info@bloggingbooks.de

Herstellung: siehe letzte Seite /
Printed at: see last page
ISBN: 978-3-8417-7245-9

Copyright © 2013 OmniScriptum GmbH & Co. KG
Alle Rechte vorbehalten. / All rights reserved. Saarbrücken 2013

Inhaltsverzeichnis

Vorwort...3

1. Aus alter Zeit..5

   Siegerland, einst Land der vielen Feuer...5

   Die aus vorchristlicher Zeit stammende Eisenstraße...8

   Grenzwall zwischen Siegerland und Sauerland...12

   Kindelsberg einst „Berg des Christuskindlein"..16

2. Ausgestorbene Berufe..20

   Der letzte Kuhjochschnitzer vom Ferndorftal..20

   In Helberhausen war die Löffelschnitzerei zu Hause..23

   Haspelknechte leisteten Schwerstarbeit...27

   Blick in das alte Siegerländer Bauernhaus..31

3. Altes Handwerk..38

   Siegerländer Pionierarbeit für den Wiesenbau..38

   Eichen im abnehmenden Mond geschlagen...45

   Die einst bedeutende Siegerländer Lederindustrie..49

   Von der Blashütte zum modernen Hochofen im Siegerland.............................55

4. Vor über 100 Jahren..60

   Als noch die Radfahrkarte benötigt wurde..60

   Wehmütig klang das Posthorn auf der letzten Tour...63

   Abschied des Postillions vom Ferndorftal...67

5. Die alte Bergstadt Siegen..70

   Turmgekrönt mit Mauergürtel schaut sie trutzig ins Land................................70

   Eine Quelle sprudelt unter der Nikolaikirche...73

6. Persönlichkeiten..78

   Carl Kraemer - "Vater des Tierschutzgesetzes"..78

   Ein Jahrhundertwerk vollbracht..82

7. Begebenheiten...86

   Plötzliche Eingebung rettete sieben Leben..86

   Säugling zwischen warme Backsteine gelegt...90

   Stahlhelme wurden zu Jaucheschöpfern umgebaut.......................................94

8. Jung Stillings Jugend..101

   Schulmeister im Knabenalter...101

   Erneut Schiffsbruch als Schulmeister...105

Vorwort

Liebe Leserinnen, lieber Leser,

Leider ist schon zu viel kulturelles Erbe verloren gegangen. Glücklicher weise ist jedoch seit Jahrzehnten ein Umdenken in der Bevölkerung zu beobachten. Es wird nicht mehr alles Altehrwürdige abgerissen bzw. und damit endgültig vernichtet, somit aus der Erinnerung und dem Leben verdrängt.

Der Autor des vorliegenden Buches fragt zu Recht: „Wer kennt heute noch die Berufe eines Haspelknechtes oder Kuhjochschnitzers? - oder warum blieben Fachwerkhäuser Jahrhunderte standfest und andere nicht? - und wer weiß noch, dass man für das Fahrrad um 1900 einen Führerschein benötigte? - und dass der berühmte Sohn des Siegerlandes, Jung Stilling, bereits als Knabe Schulmeister war? Was ist eine Rieselwiese? Wem ist noch bekannt, dass Leder unter Verwendung von Eichenrinde hergestellt wurde?

Das und noch vieles mehr kann man auf leicht verständliche Art und Weise durch dieses vorliegende Buch erfahren. Hier wird "Historisches wieder lebendig" und erinnert daran, die Erhaltung und Pflege unseres kulturellen Erbes auch in Zukunft nicht zu vernachlässigen. Unsere Nachkommen werden es uns danken!

Die zeitaufwendige Einsicht in zahlreiche alte Kirchenbücher hat mir dazu verholfen, mich in die einzelnen, betreffenden Schriften einzulesen. Darüber hinaus habe ich u.a. entsprechende Literatur, Lagepläne, Flurkarten, Zeichnungen und Bilder aus „alten Zeiten", sowie „kleine Schätze" aus diversen Archiven für die Erstellung des vorliegenden Buches intensiv studiert und teilweise verwendet. Ferner hatte ich das Glück, dass sich viele ältere Personen, die noch von ihren Groß- bzw. Urgroßeltern interessantes Wissen bewahrt hatten, sich zu Gesprächen zur Verfügung stellten und somit auch zum Gelingen dieses Buches beigetragen haben. Einige Quellenangaben der erwähnten und teilweise übernommenen Texte wurden entsprechend gekennzeichnet, allerdings habe ich wegen der Vielzahl der Quellenangaben (24 verschiedene Auflistungen) auf einen erweiterten Anhang verzichtet.

Allen, welche zum Gelingen dieses Buches beigetragen haben, sei herzlich gedankt. Ein besonderer Dank gilt dem Hilchenbacher Stadtarchivar und Museumsleiter, Herrn Reinhard Gämlich, welcher für meine Belange immer ein offenes Ohr hatte.

Glück Auf
Heinz Bensberg
Hilchenbach im Dezember 2013

1. Aus alter Zeit

Siegerland, einst Land der vielen Feuer

Das Land der vielen Feuer lag rechts am mittleren Rhein zwischen Ruhr und Lahn. Es war, wo die Sieg mit ihren Nebenflüssen sich durch waldbewachsene Gebirgszüge ihre Bachläufe vor langer, langer Zeit gegraben hat, das Siegerland.

Auf diesen Bergeshöhen standen einst viele Feuer und schickten Rauchsäulen 'gen Himmel. Das Feuer war der stärkste Gehilfe der Menschen und es brannte hier wohl heimischer als sonst irgendwo in deutschen Landen. Denn nur seine Kraft und die gewaltige rote Glut schied das Erz in Eisen und Schlacke, was die Bergleiber einst im Siegerland reichhaltig spendeten.

Die Kelten hausten lange vor Menschwerdung des Herrn in diesem Erzland. Sie verstanden es, in kleinen fast mannshohen Lehmöfen ein gutes Eisen zu gewinnen, woraus sie nutzbare Geräte und treffsichere Waffen mit schwieligen Händen zu formen verstanden.

Diese Öfen, die man auch Wind- oder Gebläseöfen nannte, da sie bei starkem Wind am besten loderten und die größte Hitze hervorbrachten, standen aus diesen Gründen immer auf den Bergeshöhen. Etwa eintausend Feuer in diesen eisengewinnenden Öfen haben seinerzeit auf den Siegerländer Höhen gebrannt und unserer Heimat den Namen "Land der vielen Feuer gegeben". Ja, im Siegerland soll einst die Wiege der Deutschen Eisenherstellung gestanden haben.

Dann kam aus Osten ein starkes kriegerisches Volk, die Sugambrer. Sie besiegten die Einwohner des Erzlandes, eroberten ihre Wallburgen und trieben die Kelten nach Westen weit über den Rhein. Die Eroberung der Fliehburgen ist bestimmt durch Aushungerung erfolgt, denn kämpferisch waren diese Burgen kaum einzunehmen. Die Sugambrer lebten von der Jagd und Viehzucht und zogen auf den kargen Äckern schon etwas Frucht. Das Erz, was in den Bergen ruhte, kannten sie nicht, auch nicht die Kunst, Eisen daraus zu gewinnen. All ihre Waffen und Geräte bestanden zum größten Teil aus Knochen, Holz oder Stein. Überall fanden sie noch Eisengeräte, welche die Kelten zurückgelassen hatten. Schnell erkannten sie den großen Vorteil, der ihnen winkte, wenn auch sie Eisen zu machen und zu verformen verstehen würden. Sie wünschten sich nun auch Arbeitsgeräte, Waffen und andere Gegenstände aus Eisen.

Unter ihnen waren noch einige Kelten, die das Geheimnis des Eisens kannten. Es war der höchste Priester und einige seiner Gehilfen. Sie wollten die heilige Stätte des Druidensteins nicht verlassen und lebten in einem Hain, unterhalb des Opferstockes. Sie waren verschont worden, da sie die Stätte achteten. Aber man hatte auch Ehrfurcht vor der Gestalt des greisen Priesters mit Namen "Offa". Der Sugambrer - König ging nach Offa und bat ihn zu lehren, wie man Eisen mache. Der Greis schüttelte sein Haupt: „Ihr habt die Götter erzürnt!" „Was müssen wir tun, um sie zu beruhigen". Der Druide sprach: „Opfern". Die schönsten Rinder und Stiere schickte der Häuptling nun zum Opferstein und ging zu Offa. Doch dieser schüttelte erneut den Kopf: „Nicht genug". Nun brachte man die besten und schnellsten Pferde zur Opferstätte und opferte sie. Doch der Greis sprach erneut: „Nicht genug, es muss ein edleres Opfer sein!" „So nenne es", bat drängend der Sugambrer. Der hohe Priester erwiderte: „Der Tapferste deines Stammes!" Da erschrak der Häuptling und rief: „ Der Tapferste – das bin ich wohl!" Der Truide entgegnete höhnisch: „Wenn du ihn schon kennst, dann brauchst du ihn nicht mehr zu suchen".

Mit den Stammesmännern beriet der Häuptling im Thing die Forderung der Götter, die durch den Priester ausgesprochen war. Die Meinung war gespalten. Viele waren der Ansicht, dass man den Göttern den Zorn und dem Druiden das Geheimnis des Eisens lassen sollte. Doch die Mehrheit wollte die Versöhnung und das Geheimnis des Eisens erfahren. Hunderte Krieger haben für diese neue Heimstätte ihr Leben geopfert, soll es nun an einen einzigen mangeln, wenn es darum geht, mehr Macht und Schutz durch bessere Waffen zu bekommen und den Zorn der Götter abzuwenden? Der Tapferste muss sich opfern, bestimmte die Mehrzahl.

Da sprach der Häuptling: „ Ihr habt mich als den Tapfersten gewählt, also werde ich mich opfern". Da rief der Sohn, der seinen Vater über alles liebte: „ Seht ihr Männer, wie er sich brüstet und aufbläht. Ihr wisst doch alle, dass ich viel tapferer bin wie er". Es entstand ein heftiger Streit zwischen Vater und Sohn. Sie beschlossen endlich, Offa selbst entscheiden zu lassen, wer von ihnen den Göttern angenehmer sei.

Beide, Vater und Sohn gingen nach dem Druiden. Der weißhaarige, alte Priester neigte sein Haupt, als er vernahm, welche Wahl man ihm anvertraute. „ Alle Männer unseres Stammes wissen, dass meinem Vater das Alter viel genommen hat, " sagte der Sohn, „ Ich bin der Stärkste, der Gewandteste und Mutigste". Da widersprach der Vater: „Glaube ihm nicht Priester. Die Jugend verfällt gern in Eigenlob und ihre Tapferkeit zerfällt bald. Der Mut des Alters ist fest und die Erfahrung stützt mich."

Da nahm der Druide beide und stellte sie auf den steinernen Opfertisch vor dem gewaltigen Basaltklotz, welches noch die Gipfel der uralten Eichen überragte. Dann kniete er nieder und verharrte sehr lange Zeit im Gebet. Er trat nun vor die beiden Sugambrer und sagte mit milder und zitternder Stimme: „ Die Götter wollen weder Vater, noch Sohn. Ihr seid beide gleich tapfer und habt die Götter versöhnt mit eurer Liebe und eurem Opfermut. Beides gilt ihnen mehr als das Blut eines Opfers. Auch meinen Hass und meine Rache habt ihr damit bezwungen, ich will euch lehren, wie man Eisen gewinnt und wie man es schmiedet."

Die aus vorchristlicher Zeit stammende Eisenstraße

Straßen gleich welcher Art hatten in den vergangenen Jahrhunderten für ein Landschaftsgebiet die gleiche Bedeutung wie die Blutbahnen für den menschlichen Körper. Je mehr da waren, umso kräftiger war das Leben im Körper wie auch in der Landschaft. Was von den Medien längst übernommen war, wurde einst über die alten Hohlwege und Straßen, die Kulturnarben der Vergangenheit vermittelt und verbreitet. Deswegen wurden die alten Straßen auch die Lebensadern einer Region genannt.

Die Eisenstraße war eine uralte Handelsstraße und verlief überwiegend auf dem Mittelgebirgskamm des Rothaargebirges. Über sie wurde bis ins Hochmittelalter Eisenhandel abgewickelt und deswegen hatte sie zu Recht den Namen Eisenstraße. Es wurden überwiegend Erze und Roheisen bis hin zu fertigen Produkten wie Waffen, Messer, Sensen, Sicheln, Helme, Harnische und Ähnlichem über sie befördert. Die Waldschmieden im Siegerland und im oberen Dill- und Diezholztal fertigten einst diese Produkte. Dieser uralte Handelsweg wurde schon seit vorgeschichtlicher Zeit von den Kelten und Germanen genutzt, denn sie kannten schon Rad und Wagen. Dies bezeugen einige bis 2500 Jahre alte Wallanlagen in ihrer Nähe. Eine davon war die gut erhaltene Alte Burg, die von dem Forsthaus

Hohenroth zu erreichen war. Im Hochmittelalter war sie auch ein Teilstück der bedeutenten Leipzig-Kölner-Messestraße. Sie wurde auch Brabanten Straße genannt, weil sie bis nach Antwerpen führte.

In frühgeschichtlicher Zeit hatte sie bestimmt als Heeresstraße eine gewisse Bedeutung. Der Historiker, Dr. Hermann Böttger glaubte, dass sie in der Wallburgenzeit bittere Kämpfe um den Besitz des Landes erlebt hätte. Auch in der fränkischen Zeit musste dieser uralte Weg Sicherungsaufgaben übernehmen. Im 13. Jahrhundert war sie für die Nassauischen Landesherren eine Verbindung zwischen den Burgen Dillenburg und Ginsburg. Lang anhaltende Grenzstreitigkeiten zwischen Wittgenstein und Nassau hatte die Straße im 14. Jahrhundert erlebt. Den Namen Eisenstraße führte sie aber erst offiziell seit dem 18. Jahrhundert, weil auf ihr die Hüttenwerke aus Hessen Eisen nach Wittgenstein und ins Sauerland brachten. Die Bezeichnung „hoe weg„ bzw. „hooweg„ trug sie vor dem 15. Jahrhundert und im 16. Jahrhundert hieß sie „Lannstraße„. Der hooweg war seinerzeit der Hohe Weg, der über Bergeshöhen ging. Vor geraumer Zeit waren die hochliegenden Berge und Wasserscheiden bei uns wegen ihres humusarmen Bodens waldarm. Von den ersten Siedlern weidete hier das Vieh, was durch Verbiss ein Aufkommen von dichtem Unterholz untersagte. Ohne Zutun der Menschen entwickelten sich im Laufe der Jahrhunderte aus diesen Viehtriften zusammenhängende Naturwege so wie unsere beschriebene Straße.

Auch als Kohlenstraße wurde sie zum Teil benutzt. Unzählige Karren Holzkohle wurden seinerzeit im Siegerland benötigt. So karrte man nicht nur aus dem Wittgensteiner, sondern auch aus dem Dillenburger Land Holzkohle ins Siegerland. Es wurden alleine zu Glanzzeiten jährlich bald 5 000 Karren Holzkohle aus dem Wittgensteiner nach den Hämmern und Hütten ins Rothenbach- und Ferndorftal gekarrt. Daher auch der Name

Kohlenstraße. Es müssen nur einachsige Karren mit mächtigen Rädern von über 1,7 m Durchmesser gewesen sein. Denn es wurden Stellen gefunden, die bis zu 80 cm tief eingefurcht waren.

Der Weg verlief, wie damals fast alle Verkehrsadern, auf dem Bergkamm oder hangparallel, weil die Täler meist versumpft waren und man steile Anstiege vermeiden wollte. Als Zugtiere wurden überwiegend Ochsen und Pferde genommen. Die Eisenstraße lief bei uns auf ländlichem Gebiet durch die Städte Hilchenbach, Bad Laasphe und Netphen. Sie führte an den Quellen der Flüsse Eder, Sieg und Lahn vorbei und war ein Teil der Reihn-Weser-Wasserscheide. Da diese Straße mehr als 600 Meter über dem Meeresspiegel und in Abgelegenheit der Wälder lag, war ein raues Klima vorzufinden. Die höchste Erhebung hatte sie auf dem Jagdberg bei Netphen mit über 670 Metern. Es darf nicht unerwähnt bleiben, dass auch andere Straßen dieser Art in Deutschland und Österreich den Namen Eisenstraße tragen.

Ihre wichtige Verkehrsbedeutung von einst konnte die Straße nicht mit in die Neuzeit nehmen. Deswegen wurde sie nicht gut ausgebaut, für den Schwerverkehr gesperrt und die Geschwindigkeit auf 40km/h beschränkt.

Dieser alte Handelsweg, der heute auch zum Teil als Rothaarsteig genutzt wurde und zu den beliebtesten Wanderstrecken Deutschlands zählte, führte durch die kleine Ortschaft Lahnhof. Erstmals wurde sie auf einer Urkunde vom 28. März 1333 mit der Bezeichnung Lonebach erwähnt. Um 1807 wurde der Lahnhof nach Nenkersdorf eingemeindet. Im Jahre 1818 hatte die Domäne Lahnhof 12 Einwohner. Heute ist der Lahnhof mit seinen zwei Gasthöfen ein beliebtes Etappenziel von Hunderten von Wanderern im Jahre. Aber auch in früheren Jahren war er schon beliebt. So sollte der Heidedichter Hermann Löns im Jahre 1906 den Lahnhof zweimal besucht haben, um einen Auerhahn zu erlegen, was ihm aber nicht vergönnt war.

Der Heimatforscher Otto Krasa schrieb, dass der Lahnhof bereits im 8. und 9. Jahrhundert in der Karolinger Zeit schon eine gewisse Bedeutung gehabt habe. Hier sollte an dieser wichtigen Fernverbindungsstraße ein großer fränkischer Gutshof mit Verpflegungsstation gestanden haben.

Die Postzustellung für den Lahnhof war in früheren Zeiten nicht immer einfach. Der Briefträger musste täglich von Walpersdorf mit der Post zum Lahnhof laufen. Da der Bote auch noch weitere Dörfer zu versorgen hatte, war es nicht verwunderlich, dass mancher Brief erst abends den Empfänger erreichte. Im Winter, wenn hoch Schnee lag, war es kaum zu schaffen. So einigte man sich eines Tages, dass immer zwei bis drei Jungen einen Pfad durch den hohen Schnee von Walpersdorf zum Lahnhof treten mussten. Dies war das sogenannte "blou dabbeln" für den Briefträger. Als nun der neue Hausangestellte von Hof Wagener am Lahnhof zweimal in der Woche im Kramerladen in Walpersdorf einkaufte, hatte man Erbarmen für den Postboten und die Schneetreter. Der Briefträger konnte die Post im Walpersdorfer laden lassen. Der Angestellte nahm sie beim Einkauf mit und verteilte sie in den drei Häusern. Jahre später erzählte mir Ewald Meiswinkel, einer der letzten "blou Dabbler", dass ein neuer Förster in das Forsthaus Lahnhof einzog. Es war ein preußischer Beamter und er verlangte sofort und unwiderruflich, dass die Post ihm täglich zugestellt würde. Somit mussten die Walpersdorfer wieder "blou dappeln" und zwar bis in die 1920er Jahre.

Viel Wirbel und jahrelangen Streit gab es um die Lahnquelle, die im Volksmund auch Lügenquelle genannt wurde. Sie sollte angeblich in dem Keller des Forsthauses gewesen sein. Auch bei allergrößter und langer Trockenheit im Sommer versiegte die Quelle nicht. Wie dieses möglich war, wird wohl ein Geheimnis bleiben. In den 1960er Jahren wurde die Lahnquellenkellerhistorie, nachdem viele tausend Groschen in die Försterkassen geflossen waren, zu den Akten gelegt.

Grenzwall zwischen Siegerland und Sauerland

Zu den ältesten Bauwerken im Siegerland gehört der Grenzwall, die so genannte „Kölsche Hecke". Besonders ausgeprägt war er auf der Grenze zwischen Siegerland und dem Kreis Olpe, das früher zum Kurfürstentum Köln gehörte, daher auch der Name.

Der Wall beginnt auf der Silberkaule bei Hespert zwischen den Kreisen Waldbröl und Olpe, verläuft bis zum Ederkopf und geht von dort nach Süden weiter. Er hat eine Gesamtlänge von etwa 55 km, ist auf langen Strecken unterbrochen und geht meist über die Wasserscheiden zwischen Lenne und Sieg und war mit sehr dichtem Gebüsch bewachsen. Diese so genannte Landhecke bestand meist aus Dornengestrüpp und ist bis zu 40 Metern breit gewesen. Die Hecke ist immer gepflegt worden, und wer sie beschädigte, machte sich strafbar. Wie viele Jahrhunderte sie bestanden hat, wird wohl kaum festzustellen sein. Doch weiß man, dass ihr Areal mit Aufwuchs auf Anordnung der Regierung zu Arnsberg im Jahre 1823 zum Verkauf in Teilen ausgesetzt worden ist. Diese Hecke war wiederum die Stammesgrenze zwischen den mitteldeutschen, fränkischen Bewohnern des Siegerlandes und den niederdeutschen, sächsischen Sauerländern.

Die Bewohner des Siegerlandes gehören zu den Franken. Im Verlauf des 3. und 4. Jahrhunderts sind diese durch verschiedene Völkerstämme, die am Nieder- und Mittelrhein lagen, entstanden. Es waren die Sygambrer, Tenkterer, Chamaven, Brukterer und andere, alles Namen die im 4. Jahrhundert durch den Namen Franken ersetzt wurden und verschwanden. Es gibt drei Gruppen von Franken und zwar die Nieder-, Mittel- und Rheinfranken. Auf beiden Seiten des Rheins, und zwar von Düsseldorf bis St. Goar, wohnen die von anderen eingeschlossenen Mittelfranken. Deswegen gehören auch die Bewohner des Siegerlandes zu ihnen. Der Völkerstamm Sygambrer hat einst unser Heimatland, das Siegerland bewohnt. Sie hatten zuvor die Kelten, die etwa seit 600 vor der Zeitrechnung im Siegerland hausten, über den Rhein weit nach Westen vertrieben.

Auf der anderen Seite der Hecke wohnen die Sauerländer, wie es in hochdeutscher Form heißt. In der Gegend selbst sagt man Suerland. Dieses Suer hat nichts mit sauer zu tun. Das Suerland ist in der dortigen Mundart wegen des Wegfalls eines d' zwischen zwei Vokabeln aus Suderland, das heißt Südland, entstanden. So nannten seinerzeit die alten Sachsen dieses Gebiet. Es war der südlichste Teil ihres Landes und ragte quasi keilförmig in das Fränkische hinein. Für die Siegerländer hat der Name Südland keinen Sinn. Seit alter Zeit hat es bei uns den Namen "Kölscheland", das heißt Kölnisches Land. Die Benennung kommt daher, weil das Sauerland viele Jahrhunderte unter der Herrschaft des Kölnischen Erzbischofs stand.

Die Namensfindung des Siegerlandes ist leider nicht so klar und eindeutig nachvollziehbar wie die des Sauerlandes. Mit sehr großer Wahrscheinlichkeit hat die Sieg zur Namensbildung beigetragen. Der Name hat nichts mit Sieg im Sinne einer gewonnenen Schlacht zu tun, sondern leitet sich von dem keltischen Wort Sikkere ab, was so viel bedeutet wie schneller Fluss oder rinnendes Wasser. Das fast von Gebirgszügen umschlossene Gebiet, im dem die Sikkere dahinplätscherte, wurde durch die Schreibweise von vielen Jahrhunderten zum Namen Siegerland geprägt.

Der Grenzwall hatte immerhin um 1900 noch eine durchschnittliche Sohlbreite von 5 m und eine Höhe von 1 bis 2 m gleich der Kronenbreite. Der davor liegende Graben war 3 m breit und 1 m tief. Es war bestimmt der Aushub für den Damm. Auf den Bergsätteln bei den Wegübergängen war er besonders stark ausgeprägt. Hier hat es sogar manchmal noch einen Vorwall gegeben. Die Biegungen und Vorsprünge sollen immer in scharfen Winkeln angelegt worden sein und nie abgerundet. Ohne Zweifel ist der Wall zum Schutz des Landes gegen feindliche Einfälle gebaut worden.

Einst nahm man an, ein so geschickt ausgedehntes Befestigungswerk könne man nur den Römern zuschreiben. Ähnlichkeit hat die Kölsche Hecke tatsächlich mit dem römischen Grenzwall, der vom Rhein durch den Taunus, den Main entlang durch Württemberg nach der Donau verläuft. Es ist aber so gut wie sicher, dass römische Heere nie in unsere Siegerländer Berge vorgedrungen sind. Oder haben vielleicht die Franken den Wall gebaut, die unter Karl dem Großen nach den gewaltigen Kriegen 772 bis 803 die Sachsen unterwarfen? Ähnliche Befestigungsgrenzen, die man den Franken zuschrieb, sind aber erst im Mittelalter gebaut worden.

Deutschland war damals unter vielen Fürsten und „Fürstchen" aufgeteilt. Oft hörte der Fehdezustand überhaupt nicht auf. Hierbei war das Bedürfnis natürlich groß, gegen Feindesland die Grenzen durch Wall und Graben zu sichern.

Das ganze Mittelalter hindurch hat die Kölsche Hecke zum Schutz gegen die Sauerländer gedient. Anno 1466 lag ein Rittmeister mit 40 Reitern in der Woche vor Michelstag in Hilchenbach und die nächste Nacht dann in Krombach auf der Wache gegen Eindringlinge der Kölschen. Ein Einfall drohte auch 1468, und es wurden nachts die Glocken geläutet, um die Einwohner zu warnen. Die Beamten „sulden das lant weren", das heißt, sie sollten die Landhecke besetzen lassen.

Im Jahre 1517 wird berichtet, dass der Graf von Nassau den „Kölschen" das Korn „usswendig der hegen hait absyden laissen". (Das Korn auf der anderen Seite der Landhecke hat abschneiden lassen). Betroffen müssen Heinsberger oder Brachthäuser gewesen sein, denn die 12 berittenen Haudegen verzehrten bei Landsknecht Ropel zu Hilchenbach für 2 Gulden, 9 Albus und 6 Heller. Bestimmt haben sich die „Kölschen" für das Korn abschneiden wieder gerächt.

An den Schlagbäumen der Landhecke oberhalb von Hilchenbach wurden noch in den Jahren 1518 und 1523 die Schlösser erneuert. Da man die Männer, welche die Schlagbäume zu unterhalten hatten, Bäumer nannte, gibt es heute noch den Hausnamen „Bäumers" in Hilchenbach.

Aus all diesen Gründen gibt es auch heute noch, obwohl man schon viele Jahrhunderte nebeneinander wohnt, zwischen Siegerländern und Sauerländern etliche Unterschiede. Es macht sich vor allen Dingen in der Mundart bemerkbar. Dies kommt vor allem bei dem nur wenigen Kilometer auseinander wohnenden Hilchenbacher auf der einen Seite der Hecke sowie den Heinsbergern und Brachthäusern auf der anderen Seite zum Ausdruck. Am deutlichsten hören wir es, wenn man die sauerländischen Laute k, p, und t mit dem Ausdruck der Siegerländer vergleicht. Ungefähr im 6. Jahrhundert wurden in Süd- und Mitteldeutschland und somit auch in unserer Mundart die Laute k in ch, p in f, und t in z bzw. ß verwandelt. Dagegen blieben sie in anderen Gegenden, wie auch bei unserem Nachbarn, erhalten. So sagt der Siegerländer Woche, mache, Sache, breche. Die südlichen Sauerländer sagen hierzu Weake, maken, Sake, beaken. Einem Kölschen helpen, oapen, laupen, hoapen entspricht bei uns helfe, offe, laufe, hoffe. Statt des Siegerländers esse, bisse, zerrisse, setze, zealn, zeh, zwanzig sagt der Suerländer eten, biten, teriten, sitten, tellen, teine und twentig. Diese grassen Unterschiede in der Mundart zwischen zwei Volkerstämmen, oder besser gesagt Nachbarn, die seit Jahrhunderten eng nebeneinander wohnen, sind wohl kaum in Deutschland anderswo so ausgeprägt wie bei uns.

Kindelsberg einst „Berg des Christuskindlein"

Wer von den Siegerländern kennt den Kindelsberg mit seinen beiden Wahrzeichen nicht? Es ist der hochragende steinerne Aussichtsturm, von dem man bei klarem Wetter Burgen am Rhein sehen kann, und die neben diesem stehende Kaiserlinde.

Bereits vor 4.000 Jahren haben Jäger die Urwälder vom Kindelsberg durchstreift und nach Beute gesucht. Es waren nomadisierende Hirten- und Jägervölker, die ihre Spuren hinterließen und später hier auch ihre Vieherden geweidet haben.

Etwa 600 Jahre vor Menschwerdung des Herrn, also in der ältesten Eisenzeit, kamen die Kelten aus Südfrankreich und wurden u. a. an den Ausläufern vom Kindelsberg sesshaft. Sie ernährten sich von der Viehzucht, dem Ackerbau und der Jagd. Zu dieser Zeit haben sie aber auch an den Berghängen den zutage tretenden Eisenstein entdeckt und versucht, ihn zu verarbeiten. Es wird bestimmt der Grund gewesen sein, warum sie gerade hier ihr Domizil aufschlugen.

Um 500 bis 400 vor Christi Geburt baute man auf dem Gipfel vom Kindelsberg eine Wallburg mit einem Durchmesser von 95 Schritten. Ihr Umfang betrug einige hundert Schritte und sie gehörte zu den sieben Fliehburgen, die im Siegerland gebaut worden sind.

Vermutlich um 200 vor der neuen Zeitrechnung kamen aus dem Osten die Germanen nach hier und vertrieben die Kelten bis weit über den Rhein.

Immer war der Kindelsberg etwas Besonderes. So ist es auch nicht verwunderlich, dass die Germanen, um ihren mächtigen Gott Wodan zu ehren, diesen Berg Wodansberg nannten. Erst in der christlichen Zeit etwa 800 bis 900 Jahre nach der Zeitenwände ist der Name vom Kindelsberg entstanden. In alten Unterlagen fand ich, dass dies „Berg des Christuskindlein" bedeutet. Die Ehre, die man den Göttern gegeben hatte, wollten die späteren Christen auch Christus geben. So ist mit großer Wahrscheinlichkeit der Name „Berg des Christuskindleins" zuerst da gewesen, und wegen der langen Schreibweise später in Kindelsberg geändert wurde.

Die zum christlichen Glauben übergangenen Menschen bauten an den Orten, wo sie früher ihre Götter verehrten, eine Kapelle oder einen Tempel. So soll auf dem Kindelsberg im Jahre 1.000 eine Glocke vorhanden gewesen sein, die ihre Spuren der Nachwelt hinterlassen hat.

Dem jungen Schulmeister Jung Stilling ist 1756 auf dem Giller vom Bauer Kraft aus Lützel eine Sage vom Kindelsberg erzählt worden. Zum Schluss sagte der Bauer: „Ich kann auch noch ein Lied von diesem Berg." Stilling meinte: „Ich bitte euch Kraft, singt mir das Lied doch vor." Kraft antwortete: „Das will ich gerne tun, ich will Dir's singen." Und er begann: „Zum Kindelsberg auf dem hohen Schloss steht eine Linde, von vielen Ästen kraus und groß, sie saust am kühlen Winde....." Es folgten noch 14 Strophen. Jung war von Melodie und Geschichte so begeistert und mitgenommen, dass ihm das Herz pochte. Er besuchte den Bauern nun häufig, der ihm das Lied so oft vorsang, bis Stilling es auswendig konnte. Diese sagenhafte, uralte Linde muss 1815 noch gestanden haben. Denn Joh. Heinrich Wurmbach pflanzte in diesem Jahr einen Ableger von ihr in der Winterbach bei Dahlbruch.

Zu allen Zeiten hat dieser 618 Meter hohe Kindelsberg die Menschen fasziniert und angezogen. Darum hat auch kein Gipfel im Siegerland so viele Sagen und Legenden hervorgebracht, wie diese Höhe zwischen Müsen und Littfeld.

„Es geht eine Sage bei uns zu Land: Ein Schloss auf dem ragenden Berge stand. Darinnen wohnte ein Jungfräulein wie lauter Rosen und Sonnenschein." Beginn eines Liedes bzw. Gedichts, das 14 siebenzeilige Strophen hat. - „Unter dem Stein neben der Linde schläft eine Jungfrau den ewigen Schlaf. Sie blieb ihrem Ritter treu, dem Grafen der Mark". – „Siehst du dort die Spitze vom Kindelsberg? Sie reicht fasst in die Wolken des Himmels." Beginn aus der sprechenden Glocke vom Kindelsberg. - Vom Gipfel des Kindelsbergs in südöstlicher Richtung liegt ein großer Steinhaufen. Hier soll ein Schatz aus dem Altertum, von einem Hund bewacht, vergraben sein. – Und noch heute heult bei Nacht der Racheengel um die Stätte, auf der sich einst das stolze Schloss derer vom Kindelsberg erhob. Aus „Der Untergang der Kindelsburg."

Die Anschläge auf Kaiser Wilhelm I. sind 1878 zweimal erfolgreich abgewehrt worden. Zum Andenken an diese Errettung pflanzte man am 20. Oktober des Jahres unter großer Beteiligung der Bevölkerung eine Kaiserlinde auf der Spitze des Kin-delsbergs. Um die Gedenklinde ist ein schmiedeeisernes Gitter gesetzt worden, was heute noch zu sehen ist.

Am 26. Mai 1907, es war der Himmelfahrtstag, konnten mehrere tausend Wanderer aus nah und fern die Einweihungsfeier des 23 Meter hohen Aussichtsturms erleben. Um den Turm herum war ein überdachter, offener Rundgang mit Ruhebänken. Eine steinerne, 123 Stufen hohe Wendeltreppe ermöglichte den Aufstieg zur verglasten Rundumsicht. Eine kleine Eisentreppe führte noch weiter zur offenen Freisicht. In 640 Meter über dem Meeresspiegel hatte man eine ausgezeichnete Fernsicht.

Trotz aller Freude kamen auch finanzielle Sorgen auf, denn die Bausumme von 18.000 Mark war doppelt so hoch wie geplant. Mit dieser Summe konnte man damals immerhin fünf Wohnhäuser bauen.

Im Jahre 1953 wurde ein Rasthaus neben den Turm gebaut. Auch die Bundespost zeigte bald Interesse am Turm, und so wurden technische Einrichtungen für den Telefon-, Radio- und Fernsehbetrieb angebracht. Das Gasthaus erhielt eine Autozufahrt und Strom. Auch der SGV war damit von vielen finanziellen Sorgen ent-lastet. Der Betrieb nahm immer mehr zu, und so wurde das Rasthaus 1969 vergrößert. Zu allen Jahreszeiten gilt dieser Turm als beliebtes Ausflugsziel.

2. Ausgestorbene Berufe

Der letzte Kuhjochschnitzer vom Ferndorftal

Jahrtausende wird es wohl gedauert haben, bis der Mensch die Zugkraft des Rindes richtig zu nutzen wusste. Immerhin gehört das Rind nach dem Hund zu den ältesten Haustieren Europas. Man merkte schließlich, bedingt durch den Körperbau der Tiere, dass mit der Stirn die größte Kraft zu bewegen war. So wird man vor langer Zeit zu den Genickgeschirren und dann zu dem Vorkopfjoch, dem sogenannten Stirnjoch, gekommen sein. Das Joch, was unter anderem auch „ Das Geschirr zum Anspannen der Zugtiere" bedeutete, ist übrigens keine Erfindung der Neuzeit. Es war früher auch mal ein Feldmaß. Die Größe dieser Fläche war das, was ein Joch (Gespann) Ochsen am Tage umpflügen konnten, und dies war etwa 50a.

Die sogenannten Genickgeschirre, allgemein auch schon Joche genannt, wurden in den vergangenen Jahrhunderten von sogenannten Jochmachern hergestellt. Da diese Geschirre für die Menschen von großer Wichtigkeit waren, ist der Jochmacher ein eigener anerkannter Berufszweig gewesen. Hinsichtlich des Zuges (Zugkraft) war kaum ein Unterschied bei den Geschirren, jedoch existierten verschiedene Ausführungen, die durch das Brauchtum in der Formgebung beeinflusst wurden.

Von allen Zweigen der Viehzucht kam im Siegerland der Rindviehzucht die größte Bedeutung zu. Wenn es auch bei einer Viehzählung am 1. Dezember 1912 im Siegerland 1268 Pferde gab, so war das Hauptzugtier des hiesigen Landmannes doch das Rind bzw. die Kuh. Der Rindviehbestand betrug bei dieser Zählung im Kreise 14 622 Stück. Die Pferde waren hauptsächlich in der Industrie und im Handel anzutreffen, denn hier war für sie das ganze

Jahr über Arbeit. Da es im Siegerland überwiegend Kleinbetriebe gab, waren die Fahrkühe in der Landwirtschaft und im Hauberg von großer Wichtigkeit und mit weitem Abstand am häufigsten anzutreffen. Wenn diese Fahrkühe auch längst nicht die Leistung von Zugpferden, Ackergäulen oder Ochsen erbrachten, so waren sie doch wegen ihrer Milch und dem Fleisch am wirtschaftlichsten für die meisten Bewohner. Es haben seinerzeit 85% der Siegerländer Kühe Spannarbeit leisten müssen.

Da der Kopf und somit die Stirn bei dem weiblichen Rindvieh kleiner ist, wurde hierfür ein Kuhjoch angefertigt. Weil die meisten Kühe im hiesigen Raum Fahrkühe waren, benötigte man bei uns sehr viele Kuhjoche.

So ist es auch nicht verwunderlich, dass es im Siegerland die sogenannten Kuhjochschnitzer gab.

Der letzte dieser Kuhjochschnitzer vom Ferndorftal war der Hilchenbacher August Menn, mit Hausname Königs. Er hatte den Beruf des Stellmachers in Berleburg erlernt und übte diesen in seinem Elternhaus (mit Hausnamen Wänersch) in Helberhausen aus. Aber auch die Ausbildung als Jochmacher hatte er bei August Schäfer, der 1911 verstarb und ein bekannter Jochschnitzer war, in Niedernetphen war gemacht. Da ihm die Jochschnitzerei besonders lag, verkaufte er schon als 27 jähriger 1899 sein erstes Joch. 1902 kaufte er sich in der heutigen Ferndorfstraße in Hilchenbach ein Haus, wo er sich selbstständig machte. Im Hause befand sich bis dahin noch eine alte Leimsiederei, deren letzter Meister König hieß. Da der Name Menn im oberen Ferndorftal sehr häufig war, nannte man ihn Königs August. Noch heute ist der Name Königs bei alten Hilchenbachern im Sprachgebrauch.

Wenige Jahre später ging er nach der Firma Gebr. Klein in Dahlbruch und arbeitete dort als Modellschreiner. Wenn er nun nach Feierabend von Dahlbruch nach Hause kam, begann die Jochmacherei. Um seine Anwesenheit den Landwirten kundzutun, steckte er immer, wenn er zu Hause war, eine weiß beflaggte Bohnenstange zu seinem Haus.

Die Joche, und bei ihm besonders Kuhjoche, wurden aus abgelagertem Birkenholz hergestellt, was der Hauberg lieferte. Zunächst wurde der Rohling mit der Axt bearbeitet. Danach bekam er mit dem Schnitzmesser seine eigentliche Form. Daher auch der Name Jochschnitzer. Der Landwirt musste nun in dieser Zeit das Zugtier vorführen, damit das Joch genau nach Stirn und Hörnerform angefertigt werden konnte, um dem Tier später unnötige Quälereien zu ersparen. August Menn verstand sein Handwerk, er war ein Meister seines Fachs, und so gingen seine Joche bis ins Sauerland. Den Jochbeschlag lieferte der Dorfschmied und der Sattler das Lederkissen mit Lederriemen zum Festschnallen. Wenn eine Fahrkuh den Besitzer wechselte, wurde meistens das zugehörige Joch mit verkauft, denn August hatte das Ding gut angepasst.

War das Joch dem Zugtier zum Fahren angeschnallt, wurden die Arme der Gabeldeichsel durch die beiden äußeren, großen Ringe geschoben und mit Stroppnägel befestigt. Die Nägel hatten verschiedene Formen und waren mit einer Kette am Joch befestigt. Bei dieser Bespannung war es dem Zugtier nicht möglich, den Kopf seitlich zu bewegen. Vielfach waren diese Vorkopfjoche auch mit Lederkissen oder ähnlichen ausgepolstert. Hierdurch sollten die Auswirkungen der Deichselschläge auf den Kopf des Tieres vermindert werden. Dies war leider nicht immer so. Auch das Doppeljoch, was zwei Rindviehschädel beim Ziehen starr miteinander verband, war für die Tiere nicht angenehm. So bedeutete das Joch auch „Das Sinnbild der Knechtschaft".

Etwa um 1930 schaffte man diese Form der Joche ab, die häufig mit reichen Schnitzereien versehen und zum Teil auch farbig ausgestattet waren. Es wurden für die Tiere bequemere Joche, oft auch aus Leder, hergestellt. Die Tiere wurden nun im Zugschwengel mit Ketten angespannt und die Beweglichkeit des Kopfes war gegeben, aber auch die Deichselschläge gegen die Stirn des Tieres entfielen.

Für seinen Freund Schrinnersch August aus Helberhausen, der mit einem Rind zur Ausstellung nach Wiesbaden wollte, hatte der letzte Kuhjochschnitzer einst ein ganz besonders schönes Joch mit Messingbeschlägen und viel Schnitzereien angefertigt. Als der Helberhäuser stolz mit dem ersten Ehrenpreis zurückkehrte, fragte ihn Königs August: „Sae moal, wie konnst du op dat schäppije Dier da en Ehrenpreis krijje?" Die Antwort war: „Enjoa dat es schwing verzaalt, die Preisrichter ha gar net ob dat Rind geguckt, die soue nur dat schürne bunde Kühjoch!"

In Helberhausen war die Löffelschnitzerei zu Hause

In früheren Zeiten war der einer schöpfenden Hand nachempfundene Holzlöffel für die Menschen ein ganz wichtiges Teil. Ja, der Löffelschnitzer und der Drechsler waren im Mittelalter wichtige Berufe, um Essutensilien herzustellen. Da Holz ein relativ billiger Rohstoff war, außerdem noch robust und kaum zu beschädigen, wurden Löffel, Teller und Schalen hieraus angefertigt. Die ärmere Bevölkerung musste sich oft mit Suppen, Brei und Eintöpfen begnügen. Beim Essen stand die Schüssel mit der Nahrung mitten auf dem Tisch und man bediente sich dann abwechselnd mit seinem eigenen Löffel. Gab es auch mal was zu beißen, wurden die Finger zur Hilfe genommen. In dieser Zeit behielt man in manchen Gegenden seinen Holzlöffel ein ganzes Leben lang. Daher kommt auch der Ausspruch, der heute noch gebräuchlich ist, „Er hat den Löffel abgegeben. "

Der Beruf Löffelschnitzer, der im Mittelalter weit verbreitet war, ist längst ausgestorben. Durch ihn hatte seinerzeit Helberhausen, der heutige Stadtteil von Hilchenbach, den Namen Löffelstadt bekommen. Denn hier wurden jährlich zu Glanzzeiten über eine Millionen Löffel mit einem Wert von 8000 Gulden angefertigt und weltweit vermarktet. Um 1690 hatten drei Helberhäuser Hirten, um ihren geringen Lohn etwas aufzubessern, begonnen, Esslöffel aus Ahornholz zu schnitzen. Es waren die Jünglinge Johann Heinrich Claus, Johann Heinrich Helmes und Jost Heinrich Preis, die für Helberhausen und Nachbardörfer das Vieh hüteten. Sie bemühten sich um die Wette ihr neues angefangenes Handwerk zur ergiebigen Nahrungsquelle zu machen. Der Weg zur Löffelstadt nahm hiermit seinen Anfang. Noch heute gibt es in Helberhausen die Löffelstraße. Sie entwickelten hierbei eine besondere Technik und stellten die Löffel glatter als die Sauerländer Schnitzer her, und hatten deshalb großen Erfolg. Als die Nachfrage immer mehr zunahm, wurde die Löffelschnitzerei in Helberhausen zum Handwerk ausgebaut. Übrigens ist Helberhausen im Jahre 1318 erstmals als Helmerinchusin urkundlich erwähnt worden.

Der im Nachbardorf Grund geborene Jung Stilling war als Kind öfter in Helberhausen und hatte die Löffelhersteller beobachtet. 1781 veröffentlichte er in einer wissenschaftlichen Zeitschrift einen Bericht über die "Nassau–Siegensche hölzerne Löffel–Manufaktur" zu Helberhausen und hatte somit für diese Auflistung die Impulse gegeben. Zum Feierabend sägte der Löffelhersteller von einem trockenen astfreien Ahornstamm so viele Stücke in der Länge des herzustellenden Löffels ab, wie er am nächsten Tage verarbeiten konnte. Morgens begann sein Tagewerk mit dem Spalten der Löffelklötzer. Es wurden etwa 60 kleine, gleich große Holzstücke sauber von Hand abgeschlagen. Dies war die Tagesproduktion der Löffel pro Person. Nun begann die grobe Bearbeitung der einzelnen Holzstücke.

Stilling beschrieb diese Arbeit folgendermaßen. Da hatte ich mich über die Geschicklichkeit sehr gewundert. Der Löffel hatte eine Platte und einen Stiel. Die Platte wurde rund und hohl, der Stiel aber hatte vor der Platte ein Knie. Die Löffelhölzer waren etwa einen halben Schuh lang, drei Zoll breit und anderthalb Zoll dick. Nun tat der Löffelmacher einen schiefen Hieb mit der Heppe, welches ein längliches viereckiges hauendes Instrument war, in die eine Seite des Klötzchens und sprengte das eingehauene Stückchen Holz weg, der zweite Hieb war auf der anderen Seite eben derselbe. Jetzt erschien schon Stiel und Platte im Groben. Mit der Heppe bekam das Holzstück noch viele Schläge auf dem Hauklotz von verschiedenen Richtungen. Zum Schluss brach man noch überall die Ecken und der Löffel nahm sein Erscheinungsbild an. So wurden alle Löffel in zwei Stunden aus den Holzstücken gehauen.

Nun wurden alle Löffel nacheinander mit einem lanzenförmigen Messer auf dem Knie bearbeitet, wozu noch einmal drei Stunden benötigt wurden. Dann begann mit einem scharfen Hohlmesser das Aushöhlen der Löffel, wozu viel Geschicklichkeit gehörte. Dieses dauerte etwa vier Stunden und die Verletzungsgefahr war groß. Hierbei gingen alle Schnitte gegen den Ballen des linken Daumens. Um Verletzungen auszuschalten, wurde zwischen Löffel und dem Ballen ein Span gepackt. Zum Schluss wurden die Löffel mit einem anderen Messer noch einmal poliert, dann bei kleiner Wärme getrocknet und zum Verkauf freigegeben. Auf Wunsch wurden die Löffel gegen Aufschlag auch mit Verzierungen angefertigt. Ganze Pferdelasten dieser Ware wurden zu Schiff nach Holland versandt. Von da gingen die

Löffel in alle Welt, wovon ein großer Teil nach Westindien versandt wurde. Die größten Umschlagplätze waren die Kölner Märkte, von wo die Ware auch verschifft wurde. Sie kauften dafür das Ahornholz karrenweise. Eine Pferdeladung oder Karren bezahlten sie mit einem Gulden. Hieraus wurden zweitausend Löffel gefertigt, deren das Stück wieder für einen halben Kreuzer verkauft wurde und etwa sechzehn Gulden einbrachte.

Im Jahre 1819 gab es in Helberhausen etwa achtzig hauptberufliche Löffelschnitzer, die für die damalige Zeit schon einen gewissen Wohlstand hatten, bei einer Einwohnerzahl von 370. Zur Winterzeit, wenn die Landwirtschaft ruhte, war die Zahl noch größer. Die Beschaffung des trockenen Ahornholzes war oft sehr schwierig und mit vielen Kosten verbunden. Das Holz wurde karrenweise nicht nur aus dem Siegerland, sondern auch aus dem Wittgenstein, Nassau und dem Sauerland mühsam durch die damaligen holprigen Hohlwege angekarrt. Weil das Ahornholz sehr knapp wurde, fertigte man nun auch aus Birkenholz. Obwohl die Löffel aus Birkenholz nach längerem Gebrauch eine graue Färbung bekamen und unansehnlich wurden, blühte das Gewerbe noch einmal auf. In den skandinavischen Ländern dagegen wurde gerne die Birke für die Holzlöffel verwendet. Es ist möglich, dass hier bedingt durch das Klima eine andere Birkenart gestanden hatte.

Da die Holzbeschaffung und der Verkauf der Löffel nicht dauerhaft gesichert waren, ging die Löffelschnitzerei in Helberhausen immer weiter zurück. Wegen der hohen Holzpreise bekamen sie sogar vom preußischen König Friedrich Wilhelm III. Sonderkonditionen beim Kauf von Holz. Hierbei konnte man erkennen, wie bekannt die Löffelmacher aus Helberhausen waren. Nach dem Tode des Königs im Jahre 1840 bauten die Forstbeamten diese Privilegien wieder langsam ab und die Löffelherstellerei bekam erneut einen Einbruch. So sank die Zahl der Löffelmacher im Jahre 1858 auf

14. Als dann noch gegen Ende des 19. Jahrhundert der Löffel aus Metall sich immer mehr einbürgerte, kam die Löffelschnitzrerei, die vielen Helberhäuser Familien etwa 200 Jahre lang Arbeit und somit Brot gegeben hatte, zum Erliegen.

Haspelknechte leisteten Schwerstarbeit

Haspelknechte, ein Wort das heute von den meisten Menschen nicht mehr einzuordnen ist, gehörte einst zum Siegerländer Sprachgebrauch. Es wurden die Männer im Bergbau Haspelknechte genannt, die das Untertage abgebaute Berggut durch Hochwinden nach oben förderten. Diese wohl größte kräftezehrende Arbeit in einer Grube geschah mittels einer Förderhaspel. Sie bestand aus einer drehbaren, waagerecht liegenden Trommel, die an beiden Seiten mit einem Zapfen im Lager lag. Die Trommel selbst war ein drehbarer, walzenförmiger Hohlkörper, auf der sich das tragende Drahtseil oder die Kette, an der die Last hing, auf und ab bewegte.

Der Umlauf der Trommel wurde damals durch Menschenhand mit Kurbeln ausgeführt. Die Kurbeln waren an den Kopfseiten der Trommel versetzt angebracht. Im Müsener Stahlberg, der bekanntesten Erzgrube des Siegerlandes, wurde um 1750 das abgebaute Gestein über zwei Schächte von 70 und 80m Tiefe mühsam nach oben gefördert. Jährlich mussten etwa 910 Wagen Erz von circa zwei Tonnen durch acht Männer, die man wegen der sehr schweren Arbeit Haspelknechte nannte, mit Übersetzung nach oben gedreht werden. Aber auch das nicht abfließbare Wasser musste aus der Grube nach oben gewindet werden.

Die Wagen hatte eine Größe von 24 Maß. In ihm lagen etwa 1,3 Kubikmeter Abbaugut mit einem Gewicht zwischen 1 800 und 2 400 Kilogramm. Die

Arbeit war so anstrengend, dass die meisten Hochwinder sich völlig verausgabten. Viele erlitten gesundheitliche Dauerschäden. Es soll sogar einige gegeben haben, die so entkräftet waren, dass sie an der Haspel starben. Ja es waren wirkliche Knechte der Haspel. Allerdings wurde diese Arbeit des Bergknechtes als geringwertig angesehen, deswegen erhielt er auch mit den geringsten Lohn aller Bergleute.

Die Höhlen, in denen das Erz abgebaut wurde, waren Mitte des 18. Jahrhundert in der bedeutenden Müsener Grube so groß, dass bequem ein Dorf von 100 Häusern darin Platz gefunden hätte. Die Grube Stahlberg, wie der Bergbau allgemein, hatte aber auch viele Opfer gefordert. So wurden in dem Bergmannsdorf Müsen 1789 bei 120 Haushaltungen 41 Witwen registriert.

Oberbergmeister, Johann Heinrich Jung wurde 1711 in Grund geboren und am 22. Februar des Jahres in der Pfarrkirche zu Hilchenbach getauft. Der genaue Geburtstag ist nicht bekannt. Er liegt etwa eine Woche vor seiner Taufe. Er war ein Patenonkel von dem berühmten Jung Stilling und beendete 1755 die quälende handbetriebene Kurbelhaspel durch eine wassergetriebene Förderhaspel. Dies geschah durch ein genau ausgewuchtetes Wasserrad von 11,5 m Durchmesser. Das Rad hatte dreißig Aufschlagschaufeln, die etwa 30 cm breit waren. Das oberschlächtige Wasserrad wurde durch Wasser aus einem Rinnsal von zwei Auffangbecken in Bewegung gesetzt.

An einer Welle des Wasserrades waren zwei Kronräder angebracht. Über diese Zähne wurden die beiden Haspeltrommeln, die auch Kronzähne hatten und um die sich das Bergseil windete, angetrieben und so nach oben bzw. unten gelassen. Durch Ausklinken standen die Trommeln still. Der Erzkübel mit circa 230 Pfund Inhalt konnte nun oben ent- und unten beladen werden. Bei alledem lief das Wasserrad gleichmäßig weiter. Es konnte nur durch Sperrung der Zulaufrinne angehalten werden. Jung nutzte dabei die letzten Geheimnisse des Hebelgesetzes aus, denn das Wasser musste wieder aus dem Berg herausgefordert werden. Aus diesem Grunde kam das Aufschlagwasser auch nur aus einer 10 cm breiten und 5 cm hohen Rinne.

Für diese gut laufende Wasserwinde erhielt Jung 300 Reichstaler von den Gewerken, obwohl sie hierdurch im Jahre weit über 200 Reichstaler an Kosten einsparten. Fachleute und Eigner bezweifelten vor dem Bau das Gelingen einer wassergetriebenen Fördermaschine. Deswegen war die Bezahlung auch nur unter der Bedingung des Erfolges fällig. Jung hätte also im Falle eines Scheiterns alle Aufwendungen aus eigener Tasche zahlen müssen. Hieraus lässt sich erkennen, wie überzeugt und sicher der Obermeister von der erfolgreichen Verwirklichung seiner Pläne und Berechnungen war. Ebenso wurde eine Wasserhebemaschine für die Grube Stahlberg von Jung entwickelt und gebaut. Aber auch eine Treppe wurde von J. H. Jung für den Stahlberg konzipiert und gebaut. Diese Treppe ging hinunter bis auf den tiefsten Gang aber auch zum Auftritt aus dem Berg.

Die von Jung erbaute Fördermaschine, die eine große Errungenschaft zur damaligen Zeit darstellte, lief 25 Jahre einwandfrei. Sie wurde im Jahre 1780 durch den Stahlberger Erbstollen überflüssig. An diesem Stollen hatte man genau 40 Jahre gebaut, bis man in der Tiefe der Martinshardt auf die mächtigen Erzvorkommen gestoßen war. Es war ein leicht ansteigender Stollen aus dem das Erz abgefahren wurde und vor allem das Wasser aus dem Berg ablief. An der aus heutiger Sicht unglaublich langen Bauzeit kann man erkennen, wie reichhaltig die Erze im Schoß der Martinshardt verborgen waren.

Johann Heinrich Jung besuchte seinerzeit in Grund die Winterschule, denn von Ende April bis September mussten die Kinder in Haus und Hof mitarbeiten. Danach war er Köhlergehilfe bei seinem Vater und lernte das Handwerk von Grund auf. Die weiterführende Lateinschule in Hilchenbach durfte der sehr begabte Knabe nicht besuchen, da seine Eltern es nicht bezahlen konnten. Aber der Rentmeister Johannes Aurand von Stift Keppel gab ihm kostenlos Mathematikunterricht. (Rentmeister wurden damals die kirchlichen oder landesherrlichen Finanzverwalter genannt.) So ging er, wenn die Waldarbeit beendet war, nach Allenbach erhielt Unterricht und kehrte gegen Mitternacht ins Elternhaus nach Grund zurück. Er befasste sich viel mit Astronomie, Mathematik und Mechanik. 1729 wurde er Schulmeister in Littfeld und bildete sich auch hier weiter. Durch den Verkauf seiner Drechselarbeiten verdiente er sich ein Zubrot. Zuvor war er bereits 1726 Lehrer in der Nachbargemeinde Lützel und im darauffolgenden Jahr Lehrer in seinem Heimatort Grund.

J. H. Jung erlernte die Markscheidekunst, da Littfeld zu dieser Zeit durch und durch vom Bergbau geprägt war. Das Berechnen und Vermessen der Gruben unter Tage nennt man Markscheiden. Es wurde dabei die Stelle bestimmt, wo die Wetterschächte in den Berg getrieben werden solten. Von der Genauigkeit dieser Berechnung hing die Wirtschaftlichkeit einer Grube ab. Jung bekam sehr schnell einen ausgezeichneten Ruf und war ein sehr bekannter und gefragter Mensch weit über das Siegerland hinaus, denn er konnte Gangkarten für den Bergbau bis auf den Zentimeter genau zeichnen. Er war schon zu Lebzeiten eine Persönlichkeit und hat den Siegerländer Bergbau positiv beeinflusst, wie wohl kaum ein anderer. Aber auch seinen berühmten Neffen Jung Stilling hatte er tüchtig gefördert.

Auch ein Erzpochwerk bei Littfeld für die Aufbereitung von Erz ließ er errichten. Weiterhin eine Sägemaschine für den Holzbedarf der Bergwerke sowie eine Erzschmelzhütte. Einen Reckhammer zur Herstellung von Flacheisen wurde nach seinen Plänen in Littfeld gebaut. Die Feilenfabrik, die um 1770 in Müsen erstand, war auch seine Idee. Jung hatte ein sehr großes Wissen, so war der gelernte Köhler auch Marktscheider, Mechaniker, Landvermesser, Ingenieur, Bergmeister, Berg- und Hüttensachverständiger sowie Unternehmer. In Dankbarkeit an die segensreiche Arbeit von Johann Heinrich Jung nannten seine Nachkommen 1820 eine Grube in Littfeld „Heinrichsegen." Sein Grab befindet sich heute noch vor der ev. Kirche in Krombach, wo er am 28. Februar 1786 beigesetzt wurde. Eine Straße sowie die Grundschule in Littfeld tragen den Namen dieses großen Siegerländer Sohnes.

Blick in das alte Siegerländer Bauernhaus

Da das Siegerland nicht an einer wichtigen Handelsstraße lag, keine große Wasserader durch unsere Heimat floss, wodurch sich unter anderen Ansiedlungen gebildet hätten, waren es bei uns häufig nur wenige Bauernhäuser, die zur Gründung der Ortschaften geführt haben. Auch der Ort Dahlbruch, den die Industrie geformt und geprägt hat, ist von drei Bauernhöfen gegründet worden. Aus diesem Grunde wurde Dahlbruch auch im Volksmund Dreidorf genannt. Frei und schlicht erhoben sich einst die alten, bodenbeständigen Siegerländer Bauernhäuser auf der grünen Dorfflur oder lehnten sich geborgen an den Bergeshang. Es waren aus Eichen gezimmerte Fachwerkhäuser und in ihrer gefälligen Form und weißen Anstrich weithin sichtbar.

Bei unseren alten Bauernhäusern handelte es sich um eine Mischform von fränkischer und westfälischer Bauart. Beim westfälischen Hause waren Menschen und Tiere unter einem Dach vereint, nur mit einer einzigen Feuerstelle im hinteren Teil der Mitteldiele. Dagegen waren beim fränkischen Bauernhaus Scheune und Ställe getrennt von den Menschen und bildeten einen rechteckigen Hofraum. Zeichnete sich das westfälische Haus an der Giebelseite mit einem großen Eingangstor aus, so hatte das fränkische Gehöft eine gewöhnliche Haustüre an der Längsseite und eine besondere Einfahrt zum Hofe. Weiterhin waren beim westfälischen Hause die mächtigen Holzständer im Inneren maß- und formgebend für den ganzen Bau, und die Außenwände bildeten nur den Abschluss. Dagegen trugen beim fränkischen gerade die Außenwände die ganze Last des Daches.

Unser Siegerländer Bauernhaus gehörte nun, da es neben der Küche mit dem Herde noch eine selbstständige Stube mit einem Ofen hatte, zu den sogenannten Zweifeuerhäusern, also in dieser Art zu den fränkischen. Dagegen war der Grundriss wieder dreischiffig angelegt und Mensch und Tier wie beim westfälischen Hause unter einem Dach vereint. Es fehlte ihm aber wieder das hohe Eingangstor, stattdessen hatte es die quer geteilten fränkischen Haustüre. An die westfälische Bauweise erinnerte aber wieder der Giebelschmuck in Gestalt zweier sitzender Häschen. Dagegen kamen die Pferdeköpfe der alten Sachsenhäuser im Siegerland nirgends vor.

Da ein natürlicher, brauchbarer Baustein im Siegerland nicht vorhanden war, bestand der Baustoff für das alte bodenbeständige Bauernhaus aus Holz, Lehm und Roggenstroh. Die Grauwackerbänke aus den zahlreich vorhandenen Steinbrüchen erbrachten für den Haussockel genug Steine. Auch Lehm war in den Talhängen reichlich vorhanden. Aber durch die Niederwaldwirtschaft herrschte stets Mangel an kräftigem Bauholz, was meistens aus dicken Eichenstämmen bestand, die zur Winterzeit bei abnehmendem Monde geschlagen wurden. Da 77% des Siegerländer Waldes einst aus Hauberg bestand, kam dieses Holz oft aus den Randgebieten der Staatlichen Hochwälder, oder es wurde aus den Nachbargebieten heran gekarrt. Nach dem das Hausgerippe nun endlich stand, kamen zwischen die Balken Flechtwerke aus Holz, das der Hauberg lieferte. Nun wurden die einzelnen Fächer mit einem Lehm, Strohgemisch verkleidet. Zum Schluss zog man mit einem Reiserbesen über die fertigen Wände noch Figuren. Es war die Herstellung des Lehmfachwerkes und wurde seinerzeit Klaiben genannt.

Da im hiesigen Raum kein geeignetes Schilf vorhanden war, weil es keine größeren Gewässer gab, wurden im Siegerland die Dächer mit Stroh gedeckt. Es war das haltbare, mannshohe Haubergsroggenstroh, was reichhaltig vorhanden war. Dieses handgedroschene (Maschinendrusch zerdrückt den Halm) Winterroggenstroh wurde in mehreren Schichten versetzt von der Traufe zum First, 35 bis 40 cm dick, auf Rundhölzer aufgetragen und befestigt. Die Rispenseite des Strohs zeigte immer nach oben. Die Hölzer hatten ca. 5 cm Durchmesser und waren etwa so angeordnet, wie heute die Dachlatten liegen. Das Stroh wurde unter Zuhilfenahme einer Rundnadel mit einem 1,5 mm dicken Kupfer- oder verzinktem Draht auf die Rundhölzer regelrecht aufgenäht. Davor verwendete man hierzu auch Weidenschächte und Stroh.

Die alten Bauernhäuser hatten ein steiles Satteldach von etwa 50° ohne Firstbalken und keine Dachrinne. Dies war für die Stroheindeckung besonders geeignet, denn die Dichtigkeit war bei dieser Bauweise am größten. Besondere Fachkenntnisse gehörten zu der Firsteindeckung. Über den Giebel des Hauses wurden die Halme Bündelweise gebogen, dann in das Stroh der Dachflächen sauber eingearbeitet und hier zweifach vernäht. Aus diesem Grunde wurde früher, im Gegensatz zu heute, bei uns auf kräftiges, übermannshohes Stroh großen Wert gelegt.

Die Temperaturen unter solch einem genähten Dach oder Weichdach, wie es auch genannt wurde, waren sehr konstant und angenehm. So ließ das aufgetragene Stroh im Sommer die Hitze draußen und im Winter die Kälte nicht herein. Aber auch die Feuchtigkeit wurde aus dem darunter liegenden Raum leicht durch das Dach abgeführt. Es konnte auch nicht zur Kondenswasserbildung kommen. Um diese Eigenschaft heute zu erreichen, muss schon eine sehr gute, kostspielige Dämmung verwendet werden. Die Lebensdauer von solch einem Weichdach betrug 30 bis 50 Jahre, ja bei guter Pflege sogar 100 Jahre wie das letzte Dahlbrucher Strohdach. Jeder Schaden durch Sturm oder tierische Schädlinge wie Ratten, Mäuse oder Vögel musste schnellstmöglich behoben werden. Dies geschah durch nachnähen des Daches und durch Ausstopfen mit gekürzten Strohgarben, die in das Dach hinein getrieben wurden.

Durch die mannshohe Hußdier (Haustüre) kam der Besucher ins Innere des Siegerländer Bauernhauses. In uralter Zeit war die Haustüre in der Mitte noch quer geteilt. Es war eine Einrichtung, die mancherlei Vorteile bot. Tagsüber stand der obere Teil offen und gab dem fensterlosen Ärn(Hausflur) Licht und Luft. Der in der Diele Arbeitende konnte so über den unteren Teil hinweg die Vorgänge vor dem Hause beobachten. Bei Sommertagen, wenn die ganze Türe offen stand, schob man zum Schutze gegen herumlaufende Hühner und Hunde das Gaar (Gatter) vor. Es war eine Lattentüre in gleicher Höhe, wie der untere Türteil. Hiervon kam folgende Redensart, die man zu einem Menschen sagte, der über den schwierigsten Teil seiner Aufgabe noch nicht hinaus war: Dä es met der Broatwurscht noch net ewer de Gaar. (Der ist mit der Bratwurst noch nicht über dem Gatter) Ähnlich wie ein Hund, der im Hause eine Wurst gestohlen hat und nun damit noch über das Gatter springen muss. Man gelangte von der Haustüre in einen großräumigen Ärn (Hausflur). In ihm wurde einst, als man noch kein Gedänn (Scheune) hatte, das Korn gedroschen.

Von der Diele aus kam man gerade ausgehend in die Keche, (Küche) die früher stets nach hinten lag. Ursprünglich haben Küche und Diele einen Raum gebildet. In der Küche fiel sofort der gemauerte Fuerherd (Feuerherd) auf, über dem an der eisernen Hähl, einer verstellbaren Vorrichtung zum Hängen, der Grogge, ein großer eiserner Henkeltopf mit drei Beinen über dem Feuer hing. Auf dem Driewes (Dreifuß) standen kleinere Töpfe auf Topflöchern. Über dem Herde an der Wand fing ein mächtiger Holzmantel, die Hearb (Rauchfang) genannt, den Rauch auf und leitete ihn nach oben zu den Würsten und Schinken. Diese hingen da in einer besonderen Räucherei an Holzstangen. Um den Steinherd sammelten sich abends und in den trüben Wintertagen die Bewohner, denn er gab ihnen Speise und Wärme und neben der alten Droalechte (Tranleuchte) auch Licht. Neben dem Herde standen die Viehkessel, aber auch die Spülbank und die Ahrechde (Anrichte)mit dem Tellerbrett. Von der Küche aus ging ein Kanal, der Ab- und Spülwasser hinter das Haus auf die Miste ableitete.

Aus der Küche gingen wir in die Wohnstoab (Wohnstube) mit einem großen Kacheloawe (Kachelofen). Er stand an der Wand zur Küche. Das Heizloch mündete in der Küche, von wo der Ofen auch beschickt wurde. Der Kachelofen wurde später durch einen gusseisernen ersetzt, deren Seitenplatten mit biblischen Geschichten verziert waren. Wohl am meisten mit der Geschichte vom verlorenen Sohn. Deswegen hieß dieser Ofen auch im Sprachgebrauch „ Der verlorene Sohn ". Der Tisch war oft an der Wand befestigt und wurde nach dem Essen hochgeklappt. Die Redensart „ die Tafel aufheben" hat sich hierdurch eingebürgert. Von der Wohnstube ging man in die Schloafkamer (Schlafzimmer). Einst müssen Wohn- und Schlafzimmer eins gewesen sein mit einem geräumigen Familienbedde, was mit einem Vorhang umgeben war und mitten im Zimmer stand. Dass die ganze Familie vor Jahrhunderten in einem großen Bett geschlafen hat, ging aus folgender Redensart hervor: Dä will emmer medde em Bedde lajje.

(Der will immer mitten im Bett liegen). Was bedeutet, der will von allen immer das Beste haben.

Blick in das alte Siegerländer Bauernhaus

Nach vorne zu beiden Seiten des Ärn's lagen die Ställe, links der Oaße- (Ochsen-) und rechts der Kohstall (Kuhstall) oder umgekehrt. In einem Verschlag im Kuhstall waren auch Ziegen und Hühner, die auf der Hurt (Stange) saßen, untergebracht. Met de Hohner ob de Hurt goa, (Mit den Hühner auf die Stange gehen) heißt früh zu Bett gehen. War noch ein Pferd da, so stand es neben dem Ochsen oder bekam einen besonderen Stall, wie die Schweine.

Über die Drabbe (Treppe) mit oftmals schön geschnitztem Geländer kamen wir in das Obergeschoss. Die ausgebauten Kämmerchen dienten meistens als Schlafstuben für die Kinder und die Eltern, die Wohnrecht bis zum Tode hatten und bei Bedarf selbstverständlich gepflegt wurden oder anderen Familienmitglieder. Aber auch ein ledig gebliebener Ohem (Onkel) oder eine ledige Waas (Tante) aus dem Hause hatten noch Wohnrecht.

Wenn sie auch nur auf einem Strohsack schliefen, so hatten sie doch ein zu Hause. Auch waren Räucherkammer, Vorratskammer, Fruchtbühne usw. hier vorhanden. Durch einen besonderen Vorbau am Dache dem Aflahring (Abladering) wurde das Heu vom Wagen direkt auf den Dachboden geladen. Fehlte eine solche Abladung, so war dafür eine Holztüre, das sogenannte Ollernloch, (Speichertüre) im Giebel vorhanden. Über die Ollerndrabbe (Speichertreppe) kamen wir in den obersten Dachraum, wo Platz für allerlei Vorrat war. Unter den Firstbalken an beiden Giebelseiten war eine kleine lukenartige Öffnung, das Ejjelsloch (Eulenloch), gelassen.

Gingen wir nun noch vor das alte Siegerländer Bauernhaus, so sahen wir das Brennholz zu einem Ärer (Stapel) aufgeschichtet. In unmittelbarer Nähe lag auch der Petz (der gegrabene Ziehbrunnen) oder der Born (fließendes Wasser). Später wurde auch eine Bombe (Pumpe) angebracht, die auch schon mal in der Küche installiert war. In einiger Entfernung sah man ab und zu ein ahl Backes (altes Backhaus). Da die Backhäuser meistens alt und baufällig waren, sagte man zu einem Menschen, der besondere Einfälle hatte: Dä hätt Enfäll we e ahl Backes (Der hat Einfälle wie ein altes Backhaus). Die Siegerländer waren einst sehr mit ihrer Heimat verbunden. Wie beginnt doch so schön die über 1 1/2 Jahrhundert alte Hymne an das Siegerland, von dem Unlinghäuser Lehrersohn, Professor Jakob Heinrich Schick: O Seejerland, o Seejerland, du häst minn bäste Wennsche! Onn schwätze konnse, watse wonn, ech kläwe ah d'r Klennsche. Ech hade Welt dah och geseh, doch hanich noch nix fonne, känn Stäh, känn Därfer, die sich nur met dir v'rgliche konne.(O Siegerland, o Siegerland, du hast meine besten Wünsche! Und reden können sie, was sie wollen, ich klebe an der Scholle. Ich habe die Welt doch auch gesehen, doch habe ich noch nichts gefunden, keine Städte, keine Dörfer, die sich nur mit dir vergleichen können).

Hingen die Siegerländer wirklich so an ihrer Heimat oder waren es ganz einfach nur wirtschaftliche Zwänge, die die Menschen zusammenschlossen und bodenständig machten? Bestimmt war das Letztere das Maßgebende. Vor einigen Jahren sah ich im Frankenland einen Spruch auf einem Fachwerkhause, der wunderbar zu den alten Siegerländer Bauernhäusern gepasst hätte: Weil jedes Teil das andere stützt, konnte ich Jahrhunderte stehen. Wenn jeder so dem Ganzen nützt, wird keiner untergehen.

3. Altes Handwerk

Siegerländer Pionierarbeit für den Wiesenbau

Ohne Zweifel hat das Siegerland einst Pionierarbeit für den kunstgerechten Wiesenbau geleistet. Wenn dies auch heute, wo man bei uns im Agrarüberschuss lebt und für brachliegende Flächen in der Landwirtschaft Prämien bezahlt werden, sich etwas verwundert anhört. Vor Jahrhunderten war es doch von großer Wichtigkeit, wie das Gras auf einem kargen Boden, zum Beispiel im Siegerland, wuchs. Schon am 13. Juni 1539 wurde im nassau-siegenschen Weistum die älteste bekannte Verordnung, die sogenannte Bitzenordnung erwähnt. Weitere Wiesenverordnungen wurden in den Jahren 1732 und 1785 unter nassau-oranischer Regierung über die Ausführungen von Ent- und Bewässerungsanlagen erlassen. Diese Verordnungen wurden später zusammengefasst und auch unter preußischer Verwaltung im Wassergesetz aufrechterhalten.

Der Grund der frühen Entwicklung des Wiesenbaues gerade im Siegerland lag an den Bodenverhältnissen, den wasser- und gefällreichen Tälern und, dass die Einwohner durch den Bergbau sowie die Hütten- und Hammerbetriebe von je her harte Arbeit gewöhnt waren. Durch die vielfach natürliche Überrieselung der Grasflächen an den Gräben der Wassertriebwerke haben sich die so außerordentlich verschiedenen Bewässerungssysteme herausgebildet. Da die Hütten- und Hammerbetriebe abhängig von Holzkohle, Erz und Wasser waren und die Anzahl der Betriebstage begrenzt war, blieb noch Zeit, neben der Eisenindustrie auch den Wiesenbau zu betreiben.

Die Grundlage für den Hütten- und Hammerbetrieb sowie für den Wiesenbau bildete naturgemäß der große Wasserreichtum unserer Bäche. Somit ist es auch nicht verwunderlich, dass das Wasser mit weitem Abstand der größte Energieträger in unserem Heimatland war. Im Siegerland ist der Beweis geliefert worden, dass bei Einsicht Wassertriebwerke und Wiesenbewässerung gut nebeneinander bestehen konnten. Das Wasser wurde von der Quelle an bis zum Verlassen unseres Kreises fast ununterbrochen zur Bewässerung der Wiesen genutzt, obwohl sehr viele Wassertriebwerke an der Strecke lagen. Der Schwerpunkt der Bewässerung wurde auf die Ausnutzung der düngenden Fluten gelegt. War die düngende Bewässerung gut ausgeführt, dann genügte für die Anfeuchtung der Wiesen die Zeit während der Sonn- und Feiertage, an denen die Wassertriebwerke ruhten. Industrie und Wiesenbau hatten dann genügend Wasser zur Verfügung.

Man hatte zwei Bewässerungssysteme entwickelt und zwar den Hang- und den Rückenbau. Bei dem Hangbau nutzte man das natürliche Gefälle. Es wurden Zuleitungsgräben geschickt angelegt und das Wasser in ein Netz von Rieselrinnen geleitet, die eine gleichmäßige Wiesenbewässerung brachte. Es waren die sogenannten Rieselwiesen. Das überschüssige Wasser wurde durch Ableitungsgräben dem Bach wieder zugeführt. In den Talsohlen dagegen wurde der Rückenbau angewendet. Es war eine teure und sehr arbeitsintensive Baumethode. Hierbei wurde der Rasen auf beiden Seiten des Zulaufgrabens fachgerecht in gleichmäßige Stücke geschnitten, abgetragen, aufgerollt und auf die Seite gelegt. Es wurde nun beidseitig des Grabens das Erdreich erhöht, so dass ein ganz leichtes Gefälle entstand. Die Erhöhung richtete sich nach Länge der zu bewässernden Grundstücke. Danach wurden die Rasenstücke fachgerecht wieder aufgelegt und angeklopft.

Da diese Bewässerung in den Wiesen künstlich durch Erhöhung der Rücken angelegt wurde, nannte man dies auch Kunstwiesenbau. Vor der ersten Kälteperiode im Herbst berieselte man die Wiesen wochenlang.

Denn zu dieser Zeit brachten die Bäche von den abgeernteten Feldern und den gebrannten Haubergsschlägen die besten Düngemittel mit. Dagegen diente die Frühjahrsbefeuchtung der Wiesen hauptsächlich der Bodenerwärmung und der –Reinigung. Die Bewässerung im Sommer sollte die Wiesen nicht austrocknen und für einen besseren Graswuchs sorgen. Nach den Freiheitskriegen im Jahr 1816 wurde dem Ministerium folgendes im Auftrag berichtet: „Im Siegerland sind wohl alle nur denkbaren Formen der Bewässerung vertreten. Die Breite der Rücken wechselt von 3 bis 60 Meter, ebenso ist auch die Einrichtung des Rücken- und Hangbaues außerordentlich mannigfaltig in ständiger Anpassung an die natürlichen Verhältnisse". 1835/36 wurden die Keppelschen Stiftswiesen im Ferndorftal umgebaut. Fast 50 junge Menschen aus den Bezirken Arnsberg, Breslau, Köln, Kurhessen, Minden und Münster kamen nach Keppel und wurden im Wiesenbau unterrichtet. Hierdurch wurde auch der Siegerländer Wiesenbau in anderen Gegenden bekannt, und die Wiesenkultur bekam im Allgemeinen eine Aufwertung. Im Jahre 1838 erschien der „Katechismus des Kunstwiesenbaues nach Siegener Art". In ihm wurden u. a. die Werkzeuge aufgeführt, die der Wiesenbauer seinerzeit benötigte. Da war das „Rissmesser", was zum spalten des Rasen diente, und das „Wiesenbeil" zum aushauen der quadratfußgroßen Rasenstücke. Sie wurden aufgerollt und nach der Bodenerhöhung für die Rieselrinne wieder aufgelegt und mit dem Wiesenschläger" angeklopft. Die unterschiedlichen Gräben hob man mit der „Stechschüppe" aus. Das „Visierkreuz" wurde zum nivellieren benötigt und mit der „Kanal- oder

Setzwaage" wurde das Gefälle hergestellt. Dann wurden noch „Holzstäbe", deren Spitzen aus Eisen waren, benötigt, und eine 160 Fuß lange „Hanfschnur", die zum abstecken der Linien verwendet wurde.

Die 4370 Hektar Wiesen des Kreises wurden von 262 Genossenschaften bzw. Wiesenverbänden verwaltet. Man hatte im Siegerland schon sehr früh erkannt, dass man in einer kleinen Gemeinschaft die beste Grundlage für einen lohnenden Betrieb bilden konnte. Nicht nur verwaltet, sondern auch gebaut und unterhalten wurden die Bewässerungsanlagen gemeinsam. Als am 28.10.1846 die Wiesenverordnung für den Kreis Siegen aufgelassen wurde, ging man davon aus, dass bereits Genossenschaften vorhanden waren. Kein Wiesenbesitzer empfand die genossenschaftliche Einrichtung, die auf den Grundsätzen der Selbstverwaltung ruhte, als unangenehm, weil die Beaufsichtigung durch Personen ausgeübt wurde, die von den Besitzern selbst gewählt wurden. Die Wiesenverordnung sagte im §37: „Die Besitzer der gemeinschaftlich zu bewässernden Wiesen bilden eine Genossenschaft und einen Wiesenverband". Die §§54 und 61 beinhalten: „Die Beaufsichtigung der Anlagen wird zunächst von den Wiesenverbänden ausgeübt. Aus jedem Amtsbezirk sind drei Wiesenschöffen und ein Stellvertreter zu stellen, denen die Beaufsichtigung der Wiesenvorsteher obliegt". Nachlässige Wiesenbesitzer drohten bis zu 10 Albus Strafe.

Wie bekannt der Siegerländer Wiesenbau war, kam durch den Fürsten Bismarck zum Ausdruck, denn er ließ in den 1840er Jahren auf einen seiner Güter die Wiesen durch Siegener Techniker ausbauen. Er sagte darüber am 12.12.1891 zu Vertretern der Stadt Siegen, die ihm den Ehrenbürgerbrief überreichten: „Zum ersten Mal kam ich mit ihm (gemeint war das Siegerland) in Berührung, als ich vor 50 Jahren ein Gut übernommen hatte, welches durch unzweckmäßige Rieselwirtschaft geschädigt war. Damals hörte ich zuerst von Siegener Rieselwiesen und sah landwirtschaftliche Techniker aus ihrer Heimat bei mir, um meine Wiesen nach der bewährten Siegener Methode zu verbessern".

Bei fachgerechter Bewässerung der Rieselwiese war die Düngung so gut, dass der Heuertrag im nächsten Jahr in Menge und Qualität etwa ein Drittel besser war wie bei einer normalen Wiese. Ja, das Wasser war bei den Wiesenbesitzern schon sehr begehrt. Somit ist es auch nicht verwunderlich, dass es nachts manchmal heimlich umgeleitet wurde, um die eigene Wiese noch mehr zu bewässern, wie es vorgesehen war. Bei einer Siegerländer Rieselwiese rechnete man 0,3 bis 0,4 Hektar Futterfläche für eine Kuh. Im Reichsdurchschnitt wurde mit der doppelten Fläche gerechnet. Um die Gräben zu schonen, wurde bei der Heuernte mit dem Fuhrwerk gezielt durch die Wiesen gefahren. Auch mit dem Heutuch wurde das getrocknete Gras zum Wagen getragen.

Der Siegerländer Wiesenbau hat in seiner alleine über 400jährigen Gesetzesgeschichte viele Achtungserfolge verbuchen können. Die größte Achtung hat er aber Mitte Oktober 1853 mit Gründung einer Wiesenbauschule in Siegen bekommen. Die Schule wurde mit 12 Schülern eröffnet, und der damalige Direktor der Siegener Realschule Dr. Schnabel übernahm die Verantwortung und arbeitete den ersten Lehrplan aus. Der Kultur- und Gewerbeverein war der erste Trägerverein dieser Schule, die später der Kreis übernahm. Die Unterhaltungskosten wurden zu je einem Viertel vom Kreis, der Provinz Westfalen, der Rheinprovinz und dem Staat übernommen. Nach meinen Erkenntnissen war es die erste Schule dieser Art. Später sind noch Wiesenbauschulen nach dem Siegener Muster in Königsberg, Bromberg, Su-derberg und Schleusingen gegründet worden. Ihre ersten Fachlehrer hatten zuvor alle die Wiesenbauschule in Siegen besucht. Die Schule hatte zum Ziel die Ausbildung künftiger im Meliorationsdienste stehender Wiesenbaumeister. Sie bestand aus vier Schulklassen und einer Meisterklasse. Jede Klasse musste mindestens ein Jahr besucht werden.

Unterricht wurde in folgenden Fächern erteilt. 01. Allgemeiner Pflanzenbau, 02. Theorie des Wiesenbaues, 03. Feldmessen und Nivellieren, 04. Kartieren, 05. Projektbearbeitung, 06. Elemente der allgemeinen Baukunde Hydraulik, 07. Teichwirtschaft, 08. Deutsche Sprache, 09. Rechnen und Arithmetik, 10. Planimetrie und Stereometrie, 11. Trigonometrie, 12. Botanik, 13.Chemie, 14. Allgemeine und landwirtschaftliche Mechanik, 15. Landwirtschaftliche Betriebslehre, 16. Gesetzes- und Verwaltungskunde, 17. Geometrisches Zeichnen, 18. Freihand- und Planzeichnen und 19. Schönschreiben. Es darf nicht unerwähnt bleiben, dass sich der Fachunterricht nicht nur auf das unmittelbare Gebiet des Wiesenbaues, der Drainage sowie der Moor- und Heidekultur beschränkt hatte. Mit Rücksicht auf die spätere Tätigkeit der Wiesenbaumeister hatte sich die Ausbildung auch auf den Wege - und Wasserleitungsbau, die Kanalisation der Ortschaften, die Abwasserreinigung sowie die landwirtschaftliche Abwässerverwertung erstreckt. Die praktische Ausbildung wurde natürlich großgeschrieben. Zu jeder Prüfung gehörte die selbstständige Projektierung und Ausführung einer Wiesenanlage mit Bewässerung. Auch als Schüler wurden sie bei den örtlichen Aufnahmen, Absteckungen und Ausführungen von Meliorationen aller Art weit über das Siegerland hinaus beteiligt. Die Separation der Wiesen im großen Umfang hatte bei uns erst Mitte der 1880er Jahre begonnen, da die Schülerzahl gestiegen war und man praktische Arbeit für sie haben musste. Die ausgebildeten Wiesenbaumeister, meist Söhne von Landwirten, haben zu Hause in allen Gegenden Deutschlands oft zu einer

Separation beigetragen. Hierdurch konnten moderne Ent- und Bewässerungsanlagen nach der Siegerländer Methode gebaut werden. Dies war vorher wegen der starken Parzellierung nur schlecht möglich.

Im engen Zusammenhang mit dem Wiesenbau standen die Viehweiden in den Haubergen bei uns um Siegerland. Da Eichen und andere Stockausschläge im jungen Zustand von dem Vieh gerne gefressen wurden, war das Beweiden in den ersten sechs Jahren nach Abholzung streng untersagt. Danach hatte das Vieh fünf Monate des Jahres stets Nahrung gefunden. Hierfür hatte jeder Ort seinen Hirten, der im sogenannten Wandeltisch in den einzelnen Häusern beköstigt wurde. Die Gemeinden Ernsdorf und Burbach hatte die ersten Hirten, die ihre Dorfherde in den Weidekämpen hüteten. Somit lieferten die Hauberge das Sommerfutter und die Rieselwiesen das Futter für den Winter. Die Bewegungen auf den Bergweiden taten dem Vieh gut und führten zu einer gesunden Entwicklung. Es war das einfarbige rote Höhenvieh, was stets alle Spannarbeiten in der Landwirtschaft und im Hauberg zu verrichten hatte. Man sprach sogar von einer Siegerländer Rasse, deren Weiterzüchtung sich die Siegerländer Herdbuchsgenossenschaft, die am 12. Dezember 1894 gegründet wurde, zur Aufgabe gesetzt hatte. Durch die wohl einmaligen Haubergshuden hatte das Siegerland seinerzeit auf ein ha Ackerland gerechnet auch die stärkste Viehhaltung von ganz Preußen.

Im preußischen Wassergesetz vom 07.04.1913 wird die heute vergessene Wiesenordnung noch einmal als Sondergesetz für den Kreis Siegen aufgeführt. Erst in den 1950er Jahren kamen die Siegerländer Bewässerungssysteme durch wirtschaftliche Veränderungen zum erliegen. Die Wiesenverbände sind aufgelöst worden, und der Wasserbau wurde Aufgabe der Gemeinden. Wenn dieser Wiesenbau auch längst der

Vergangenheit angehört und immer weiter einschlummert, so sollten wir nicht vergessen, dass das Siegerland einst die klassische Stätte des intensiven und kunstgerechten Wiesenbaues war.

Eichen im abnehmenden Mond geschlagen

Immer wieder sieht man Menschen vor alten Fachwerkhäusern verweilen, die zum schönsten Schmuck unserer Siegerländer Landschaft gehören. Seit Jahrhunderten stehen diese Zeugen heimatlicher Baukunst. Herrlich heben sich oft die geschnitzten Verzierungen und Inschriften aus dem Gebälk hervor. Erblickt man nun noch die Jahreszahl der Erbauung, wird man nachdenklich. Wie ist es möglich, dass diese alten Fachwerkhäuser noch so fest und dauerhaft stehen, während andere, viel später erbaute Stein- oder Fachwerkgebäude längst zerfallen sind? Woher kommt die Härte dieser Eichenbalken, in die man heute keinen Nagel mehr schlagen kann? Haben die Zimmerleute früher eine besondere Methode besessen? Steckt vielleicht ein Geheimnis dahinter?

Bei näherer Betrachtung und mühevollem Nachschlagen in der Literatur erfährt man mehr über die Kenntnisse und das Wissen unserer naturverbundenen Vorfahren. So schreibt bereits der große Philosoph und Naturforscher, der Grieche Theophrastos (372-287 v. Chr.) in libro de tempere: „Ein jedes Holz, das gefellet oder abgehawen wird im Babamischen Zeichen, das ist wenn die Sonne im Stier, Steinbock oder Jungfrawn ist, (denn das sein irdische Zeichen), das wird nicht wurmstichig, faulet auch nicht balde, sondern weret zum allerlensten. Es muss aber im abnehmenden Monden geschlagen werden......"

Auch die uralten Siegerländer Fachwerkhäuser sind aus Eichen gezimmert worden, die bestimmt im Winter bei abnehmendem Monde, also im alten Lichte geschlagen worden sind. Leider sind die Erkenntnisse der alten Baumeister über diese dauerhafte Fachwerkbauweise seit langem verloren gegangen und finden längst keine Beachtung mehr. Interessant ist aber, dass bei vielen Menschen das junge Licht die Ursache zu ihren geistigen und seelischen Schwankungen im Verhalten gegenüber der Umwelt ist. Die uralte Erkenntnis unserer Vorfahren kommt hier jedoch auch heute noch zum Ausdruck. Wie hieß und heißt es doch im Siegerland, wenn beeinflussbare Menschen diese Zustände haben: „ M'r ha wirrer jong Licht."

Heinrich Kocher, von 1840 bis 1860 Lehrer in Müsen, hat sich mit der Mondphase und deren Auswirkung beim Holzabschlag befasst und wollte hierzu Unterlagen zusammentragen. Er machte deswegen eine Umfrage bei allen Bau- und Zimmermeistern, Holzhändlern und Forstbeamten im oberen Siegerland. Nur von Zimmermeister Scheib (Hilchenbach) erhielt Kocher eine positive Antwort. Dieser war nämlich im Besitz einer alten Zunfturkunde, woraus eindeutig hervor ging, dass Zunftmitglieder streng angehalten wurden, „ehrbarlich und treulich Werk zu schaffen und nur Bauhölzer aus altem Licht zu verarbeiten bei Bußstraf im Verstoßfalle". Scheib selbst hat aus überkommener Vater- und Meisterlehre und aus eigener Erfahrung an diesen uralten Lehren noch festgehalten, es aber bedauert, „dass dieses Brauchtum zum Schaden des Volksvermögens heute gänzlich übersehen werde." Und dies war vor 150 Jahren.

Auch der Steiger Hermann Schür aus Müsen befasste sich mit diesem Thema. Ihm sind durch Zufall alte Lagerbücher aus dem 17. und 18. Jahrhundert in die Hände gekommen, woraus hervorgeht, dass Lieferanten mit einer Vertragsstrafe belegt werden, die Grubenhölzer, die im neuen Monde geschlagen worden sind, anliefern.

Die alten Gewerken wussten also genau, dass Holz, was im alten Mond geschlagen worden war, viel besser und haltbarer ist, als aus dem neuen Mond. Schriftliche Hinweise an die Verwaltung der Grube Stahlberg, dem alten Brauch im eigenen Interesse doch wieder mehr Beachtung zu schenken, sind damals unbeachtet geblieben. Kocher und Schür, also Erzieher und Bergmann, haben später mit Versuchen in alten Stollen klare Beweise erbracht. Nämlich, dass im alten Mond geschlagenes Bau- und Grubenholz viel fester und dauerhafter ist und somit bedeutend wirtschaftlicher sei als im neuen Mond gefälltes Holz.

Aber auch im Siegerland gibt es Beispiele. Da war in Bürbach eine alte Scheune, die zu dem Areal mit Hausname „Schäferliese" gehörte. Sachverständige legten das Baujahr auf den Anfang des 17. Jahrhunderts. Das Eichenholz, was hier verwendet wurde und unverwüstlich ist, war bestimmt im alten Licht geschlagen worden. Auch das Wohn- und Gasthaus, was in den 1880er Jahren abgebrochen ist, war ein uraltes, strohgedecktes Fachwerkhaus. Das Eichenholz war noch kerngesund und wurde daher wieder als Deckenbalken für ein neu errichtetes Backsteinhaus verwendet. Da es nicht reichte, wurden für den fehlenden Rest Deckenbalken aus neuem Eichenholz verwendet. Das zum Neubau benutzte alte Holz blieb auch weiterhin gesund und widerstandsfähig. Dagegen wurden die neu verwendeten Balken bald vom Schwamm und Holzwurm befallen und mussten ausgewechselt werden. Bestimmt war das alte Holz im Gegensatz zum neuen im alten Licht geschlagen worden. Bei Neumond steigen die Säfte in den Bäumen, das weiß man genau. Sollten nun für Fäulnis und Wurmbefall die Ursache darin liegen, weil das Holz im steigenden Saft geschlagen ist?

Der Mond spielt bei vielen alten Regeln für die Holzfällung die Hauptrolle. Was für Auswirkungen bzw. für Anziehungskraft der Mondstand hat, sollen zwei andere Beispiele zeigen. Da kann man in den Gruben immer wieder beobachten, dass der Wasserspiegel bei neuem Monde etwas steigt. Früher wurde im Siegerland in den meisten Häusern Sauerkraut noch selbst hergestellt. Das kleingehaspelte Kraut kam mit Zugaben in einen hohen Steintopf und wurde mit einem beschwerten Holzdeckel abgedeckt. Bei jungem Lichte hob sich dieser Sauerkrautdeckel etwas und ging bei altem Lichte, wie der Wasserstand in den Mienen, wieder zurück.

Als weiterer Siegerländer Beweis soll das alte Wurmbachhaus dienen. Es ist 1734 erbaut worden und stand einst auf der Sieghütte im Hauptweg 81. Sein Platz war neben dem Siegener Hüttenwerk und diente den Hüttenmeistern als Wohnhaus. Ständig war es gewaltigen Erschütterungen von den Hämmern ausgesetzt und wurde dennoch nicht baufällig wie andere, später erbaute Nachbarhäuser. Denn seine Gefache waren aus Eichenbalken gezimmert, die ganz gewiss im abnehmenden Mond geschlagen worden sind. Das Haus war nicht unterkellert und stand, weil davor und dahinter ein Graben war, im Frühjahr und Herbst oft tagelang unter Wasser.

Auf Felsenstein lagen die aus Eichen geschlagenen Grundbalken frei im Boden. Das ständige Grundwasser hat 170 Jahre gebraucht, bis diese Balken anfaulten und durch Untermauerung ersetzt worden sind. Wie ist es eigentlich möglich, dass diese Eichenbalken ohne Konservierungsmittel, die unsere Vorfahren ja nicht kannten, solange in freier Erde und im Grundwasser halten konnten? Warum bohrt in den Balken dieser alten Fachwerkhäuser kein Holzwurm und kein Schwamm findet hier Eingang? Dieses ehrwürdige Haus stand noch bis zu jenem verhängnisvollem 16. Dezember 1944, als Siegen mit seinen vielen herrlichen alten Fachwerkhäusern in Schutt und Asche gelegt wurde.

Es scheint sich zu bewahrheiten, dass es sich bei den alten Holzschlagregeln unserer Vorfahren nicht um Aberglauben gehandelt hat, vielmehr war es uralter Brauch, der sich auf klugen Naturkenntnissen unserer Ahnen aufbaute und zu unserem Schaden längst in Vergessenheit geraten ist.

Die einst bedeutende Siegerländer Lederindustrie

Mit Abbruch der Lederwerke in Hilchenbach im Jahre 1993 wurde das letzte Domizil der einst so bedeutenden Siegerländer Lederindustrie verabschiedet. Der Gerber, der das Berufsbild unserer Heimat, des Siegerlandes, über Jahrhunderte mit geprägt hat und somit für den Lebensunterhalt über viele Generationen beigetragen hat, ist damit hier nahezu verschwunden. Nur im Netpher Ortsteil Eschenbach existiert noch eine kleine Gerberei. Aber überall findet man noch Namen, die auf die mächtigen Gerbereien der Vergangenheit hinweisen.

Von allen Gegenden Deutschlands, die bereits im Mittelalter den Gerbern eine Heimstätte gewährten und über Jahrhunderte blühende Gerberzünfte aufweisen, nimmt das Siegerland eine Spitzenstellung ein. Bereits 1311 taucht in einer Urkunde die älteste Lohmühle in Siegen auf. Die Gerber wohnten bis zum 16. Jahrhundert überall in der Stadt Siegen verteilt. In dem Lohgraben, es war ein Graben, welcher vom Weißbach abgeleitet wurde, spülten sie ihre Häute. In jener Zeit erhielt in Siegen das Wetzlarer Tor den Namen Löhrtor und die dahin führende Straße, in die nun die Gerber gezogen waren, den Namen Löhrstraße (Lohstraße).

Die Besitzer legten aber erst im 17. Jahrhundert ihre Lohbäue an den Lohgraben. Die Häute wurden nach dem Entfernen der Oberhaut (Fell) und der Gewebeschicht mit Gerbmitteln (gemahlene Eichenrinde) längere Zeit in Gruben (Gerbbottige) gelegt. Nun begann die chemische Umwandlung tierischer Häute in Leder. Dies geschah durch Einwirken von Gerbstoffen. Diese setzten das Eiweiß der Häute in haltbare Verbindungen um. Zuvor wurde auf sogenannten Scherböcken die Haarseite der Felle mit stumpfen zwei griffigen Haareisen abgeschabt und an die Filzfabriken verkauft. Beim Abscheren der Hautunterseite benutzten die Gerber scharfe Schereisen. Es waren zwei griffige gebogene „Scherdegen", die früher im Zunftwappen der Loher zu sehen waren. Dieser mit Kalkmilch konservierte Abfall wurde als Leimleder an die Leimfabriken verkauft. Die Gerbbottiche, auch Lohkästen genannt, wurden aus dicken Eichenbohlen ohne Nägel hergestellt, denn Lohe und Leder durfte mit Eisen nicht in Verbindung kommen. Die Kästen ließ man im Freien oder im überdachten Grubenhof in Erdgruben ein. Ihre Anzahl bestimmte einst die Größe und den Besitzstand des Gerbereibetriebes.

Grundlage der Siegerländer Gerbereien war von jeher der Lohbestand der Hauberge. Lohe ist die gemahlene Rinde junger Eichenstämme und der ideale Gerbstoff. Es gab seinerzeit kein Produkt, bei dem das Verhältnis der Schwell- und Tanninstoffe zum Gerben so günstig war wie hierbei. Aus der wohl einmaligen Haubergswirtschaft im Siegerland kam nicht nur die

Holzkohle für die Hüttenfeuer, sondern auch die Eichenrinde für die Gerbereien, was beides unersetzlich war. Die Zunft der Gerber und Schuhmacher hatte 1455 in Siegen 31 Mitglieder und 1483 schon 47. Nur sie besaßen von allen Siegerländer Zünften seinerzeit ein eigenes Haus, es war die Gaffel. Daran kann man sehen, welche enorme Bedeutung die Gerber hatten. Graf Johann gab 1504 der Siegener Loherzunft einen interessanten Kurbrief, es heißt u. a. „Wir wullen, das die Loer in unserer Stait Siegen gut gair Leder machen sullen ....," hieraus geht hervor, dass sie für den eigenen Gebrauch im Siegerland und die Fürsten arbeiteten. Später produzierten sie dagegen viel mehr und zwar für den offenen Markt. Die Messen in Frankfurt a. M. waren nun ein besonderes Absatzgebiet.

Mit allen Mitteln versuchten sich die Gerber der Stadt Siegen gegen die Ausbreitung ihres Gewerbes aufs Land zu wehren. Man hatte erkannt, dass die Gerberei ein sehr lukratives Geschäft war. Sie breitete sich aber aufs ganze Siegerland aus und führte zu erbitterten und harten Kämpfen über viele Jahre. Die Siegener lagen besonders mit den Hilchenbachern und Freudenbergern im Clinch, wo weitere Mittelpunkte der Lederherstellung entstanden waren. Der Streit wurde 1684 vom Fürsten Wilhelm Moritz beendet. Die Streitparteien wurden zu einer besonderen Zunft mit neutralem Sitz in Ferndorf zusammen geschlossen.

Durch eine neue Forstverordnung des Fürsten Friedrich Wilhelm Adolf wurden 1711 die Haubergskulturen im Siegerland aufgewertet. So wurde neben der Holzkohle auch die Gerberlohe (Eichenrinde) als wichtiger Bestandteil festgeschrieben. Wenn es zunächst auch noch bei Kleinbetrieben blieb, so erlebten die Gerbereien hierdurch doch einen gewaltigen Aufschwung. Die Betriebe entwickelten sich sogar rascher als die Schälwaldwirtschaft, wie man aus ihrer Sicht die Haubergswirtschaft nannte, da sie ja nichts anderes als die geschälte Rinde von jungen Eichenbäumen benötigten. Hierdurch entstand eine enorme Lohteuerung und es gab einen langjährigen Kampf um das Vorkaufsrecht der Lohe zwischen der Dillenburger und Siegerländer Loherzunft. Die gemeinsame Regierung in Dillenburg, die sehr viele Eingaben von beiden Parteien erhielt, konnte keine Einigung erreichen und gab 1787 den Lohbestand frei. Entgegen allen Voraussagen konnte diese freiheitliche Verordnung den Gerbereien keinen Einhalt bieten. 1791 hatte das Siegerland 69 Gerbereien. Hiervon waren im Amt Netphen 4, Amt Hilchenbach 11, Amt Freudenberg 15 und in der Stadt Siegen 25 zu Hause. In den meisten Gerbereien waren im 18. Jahrhundert der Meister mit seinen Söhnen und zwei bis vier Knechte beschäftigt. Einen gewaltigen Einbruch gab es allerdings durch die französische Fremdherrschaft. Ja, wenn das Vaterland leidet, so leiden alle seine Bürger mit ihm. Nicht nur im Gemüt, sondern auch im Handel und Wandel. Das bis dahin so blühende Gerberhandwerk kam fast zum Erliegen, auch die Haubergswirtschaft litt hierunter sehr. So kostete 1807 die Lohe, nach einer Gewichtseinheit von 110 Pfund, gerade noch 20 Sgr.

Durch den preußischen Zolltarif vom 26. Mai 1818 (Schutz gegen Ausländische Mitbewerber) und nach der Gründung des Zollvereins am 1. Januar 1834 ging es rasch wieder aufwärts. Allein in Hillnhütten, der Ort ist 1901 auf eigenen Wunsch nach Dahlbruch eingemeindet, wurden von 1828 bis 1832 bei etwa 125 Einwohnern drei Gerbereien neu eingerichtet. Im Jahre 1852 sind im Siegerland 88.000 rohe Häute, meist importierte Wildhäute, zu Sohlleder verarbeitet worden. Es war 10mal so viele wie 1818. Nun begann für die heimische Lederindustrie ein unvorstellbarer Aufschwung. 1864 wurden bereits 100.000 Felle verarbeitet. Die Zahl stieg von Jahr zu Jahr mit einer Ausnahme von 1870. Sie erlangte 1891 den Höhepunkt mit 156.000 Häuten, es waren meistens importierte Wildhäute, die in den Gerbereien zu Sohlleder verarbeitet wurden. Zu dieser Zeit hatte das Siegerland nur 85.000 Einwohner, etwa ein Drittel der heutigen Einwohnerzahl. Um diese enorme Anzahl zu verarbeiten, benötigte man etwa 15.000 Tonnen getrocknete Eichenrinde, eine riesige Menge, im Werte von 1 ½ bis 2 Millionen Mark. Dies waren, was einem unvorstellbar erscheint, 7.500.000 Eichenstämme, die manuell geschält wurden. Erwirtschaftet hatte man hiervon ca. 2.800 Tonnen Sohlleder im Wert von 7.750.000 Mark. Aus dem vielen Lohabfall entstand begehrtes und billiges Heizmaterial. Es waren die sogenannten Lohkuchen, die in 20 x 20 x 8 cm große Formen gepresst und danach getrocknet wurden. Diese Lohkuchen waren bei dem ständigen Holzmangel, der seinerzeit im Siegerland herrschte, sehr begehrt. Die günstigsten Ertragsjahre waren von 1852 bis 1873. In dieser Zeit wurden nicht unbedeutende Vermögen erworben, selbst die Haubergsbesitzer hatten eine glänzende Rente. Das Siegerländer Sohlleder hatte eine führende Stelle auf dem deutschen Ledermarkt und erzielte dank seiner sehr guten Qualität die höchsten Preise. Absatzgebiet war das ganze Deutsche Reich, besonders Mittel- und Norddeutschland bis hin nach Tilsit an der Memel. Auch der Rückgang der Messen, auf denen seiner Zeit ein Teil der Produktion abgesetzt worden war, wurde leicht verkraftet, denn es hatte sich eine feste Kundschaft gebildet.

Die größten und sichersten Abnehmerrinnen waren die preußische und die sächsische Heeresverwaltung sowie die Reichsmarineverwaltung. Das Leder war hervorragend für Militärstiefel geeignet. Man wollte nicht den Fehler machen wie andere Länder, dass ganze Armeen im Winter wegen jämmerlichem Schuhwerk kampfunfähig wurden. Die Heeresverwaltungen hatten dies längst erkannt und hielten an dem Siegerländer Leder fest. Unter anderem wurde folgende Aussage gemacht: „Und wenn unsere Söhne wieder unseren Wünschen einmal sollten mit dem Gewehr auf der Schulter an die Grenze ziehen müssen, zur Verteidigung von Vaterland und Heimat, so mögen sie sich freuen auf Siegerländer Sohlen trockenen Fußes in Feindesland zu gelangen". Auch der Siegerländer Ausspruch, der nur noch bei sehr wenigen im Sprachgebrauch ist: „Haut sie, dass die Lappen fliegen," stammt aus dieser Zeit. Lappen sind in Alt-Siegerländer Mundart Stiefelsohlen. Die Siegerländer Hauberge, die seinerzeit 77% der Waldfläche betrugen, lieferten die Eichenrinde in großen Mengen und hervorragender Güte. Es reichte aber bei weitem nicht und so mussten die benachbarten Kreise, Gebiete an der Mosel, die Ardennen und Waldgebiete aus Ungarn noch Lohe liefern. Tüchtige Lohschäler erreichten, wenn der Saft in die Eichenstämme gestiegen war, bei günstiger feuchtwarmer Witterung eine Tagesleistung von ungefähr 100 kg Lohe. Dies war etwa die Rinde von 50 Haubergseichen, die geschält werden mussten und ca. 7 kg Gerbstoff erbrachten. Die getrockneten Lohröhren wurden zu je 15 Stück mit 5 bis 6 Reisern zu Lohbürden, die ein Gewicht von gut 30 kg hatten, zusammen gebunden.

Bei solch einer rasanten Entwicklung blieb das Zunftwesen auf der Strecke. Das Handwerk war zur Industrie geworden. Wenn auch Klein- und Mittelbetriebe noch in der Überzahl waren, so entstanden auch größere Fabriken in Hilchenbach und Freudenberg. Mit die größte ist in Hilchenbach entstanden. Sie wurde 1993, wie oben erwähnt, als letzte dem Erdboden gleich gemacht. Auf dem Gelände ist u. a. ein Einkaufszentrum entstanden, mit Namen Gerber - Park. Das große Dilemma für die Siegerländer Lederindustrie kam bereits vor der Jahrhundertwende mit dem Querbrachholz. Es ist eine Südamerikanische Baumart mit hartem gerbreichem Holz. Es war der große Gegenspieler zur Eichenrinde und kam in Norddeutschland immer mehr zum Einsatz. Das hiermit gegerbte Leder, was besonders in Norddeutschland und an der Küste zum Einsatz kam, hatte längst nicht die Qualität wie das Siegerländer Leder, dafür war es aber billiger und viel schneller gegerbt.

Auch die Chemie brachte einen künstlichen Gerbstoff auf den Markt. Weiterhin kam mit der Industrialisierung auch die Modernisierung. An verschiedenen Standorten in Deutschland wurden neue Betriebe errichtet. Eine Überproduktion entstand, und die Preise rutschten in den Keller. Somit begann schon um die Jahrhundertwende ein Überlebenskampf der Siegerländer Lederindustrie. Viele Betriebe mussten bereits Anfang des vergangenen Jahrhunderts ihre Tore schließen oder wurden zusammen gelegt. Manche stiegen auch mit ihrem Kapital in andere lohnendere Geschäfte, z. B. die Eisenindustrie oder den Bergbau ein. Die Zahl der Betriebe war 1912 auf mehr als ¼ (18 Stück) zusammen geschrumpft und die verarbeitenden Häute auf 79.000 zurückgegangen. Hierzu wurden immerhin noch 8 Millionen kg Lohe benötigt, um das Leder herzustellen, wesentlich mehr wie das Siegerland liefern konnte.

Welch hohes Ansehen die Siegerländer Lederindustrie einst hatte, soll eine Begebenheit aufzeichnen. Als am 12. Dezember 1891 Vertreter der Stadt Siegen dem Fürsten Bismarck den Ehrenbürgerbrief ihrer Stadt überreichten, äußerte Bismarck: „Am Himmel der Industrie bildet das Siegener Land ein helles Sternbild! In Eisen und Leder pflegt es zwei für die Wehrkraft besonders hervorragende Industrien!"

Von der Blashütte zum modernen Hochofen im Siegerland

Fast jedes Dorf im Siegerland, welches nicht weit von einer Grube entfernt war und an einem wasserreichen Bach lag, hatte früher eine Blashütte. Aus Erz wurde einst in diesen Hütten Roheisen gewonnen, denn unsere Heimat war ein Land, dessen Steine Eisen waren. Wie heißt es doch im 5. Buch Mose, Kapitel 8, Vers 7 und 9: „Denn der Herr, dein Gott, führt dich in ein gutes Land ...., ein Land, des Steine Eisen sind, da du Erz aus den Bergen hauest". Der Eisenstein kam aus den benachbarten Gruben und die Holzkohlen wurden in den Wäldern (Hauberge) gewonnen. Somit waren Gruben, Hütten und Waldungen eng miteinander verbunden und der Nutzen zu den Erträgen gegenseitig abgestimmt.

Hierdurch durfte jede Hütte den Ofen nur eine bestimmte Zeitspanne von Tagen, die ihr zugeordnet waren, betreiben. Dieses war die Hüttenzeit und wurde „Reise" genannt. Ja, es herrschten schon strenge Richtlinien in der Hütten- und Hammerordnung. So durfte jede Siegerländer Blashütte ihr gewonnenes Roheisen nur an Siegerländer Hammerhütten verkaufen. Auch die Hammerschmieden durften nur inländisches Roheisen verwenden.

Im Jahre 1550 produzierte ein Siegerländer Hochofen 1,2 Tonnen Roheisen am Tag. 1790 betrug die Tagesförderung 3,4 Tonnen. Um eine Tonne Roheisen zu erzeugen, wurden 2,7 Tonnen Erz und 1,7 Tonnen Holzkohle benötigt. Es herrschte manchmal große Holzkohlenknappheit. Um dieses nach Möglichkeit zu vermeiden, wurden im Jahr über 5000 hochbeladene Karren Holzkohle alleine aus dem Wittgensteiner Land zu den Hammerschmieden ins Ferndorftal, sowie nach den Hütten in Allenbach, Dahlbruch und Lohe gekarrt.

Die Hochöfen im Siegerland erreichten 1860 eine Höhe von 9,5 Meter und erbrachten eine Tagesleistung von etwa 11 Tonnen Roheisen, wenn sie komplett mit Holzkohlen betrieben wurden. Sie hatten eine rechteckige Grundform und waren von einem kräftigen Bruchsteinmauerwerk umgeben. Die Gießhalle, die vor dem Ofen lag, war mit Stroh abgedeckt.

Daneben war das Pochwerk, welches mit Wasser angetrieben wurde. Im Hintergrund standen in Reihen geordnet die Kohlenschuppen der einzelnen Gewerken. Auch Plätze für Eisenstein der verschiedenen Besitzer waren vorhanden.

Die „Massenbläser", so nannte man früher die Hüttenleute, trugen lange, weiße Kittel und ein Schurzfell umgebunden. Sie hatten breitrandige, raue Filzhüte, die sogenannten „Funkenfänger" auf den Köpfen. Am Fell waren das Taschentuch und eine kleine Zange befestigt. Sie diente zur Entnahme von glühender Holzkohle und ersetzte das Feuerzeug.

Das obere Ferndorftal hat in der Eisenverarbeitung dank der einst reichhaltigen Erzvorkommen in den benachbarten Müsener Bergen bis heute eine nicht unbedeutende Rolle gespielt. So ist die älteste, urkundlich erwähnte Siegerländer Blashütte die Allenbacher von 1417. Zu den ersten beiden Hütten in unserer Heimat, die im Jahr 1833 ein Windgebläse einbauten und somit einen gewaltigen Fortschritt erreichten, zählte die Dahlbrucher. Heute ist in Dahlbruch ein großes Unternehmen, welches weltweit zu den führenden Unternehmen der Walzwerksherstellung zählt und einen Exportanteil von 85 bis 90 Prozent des Auftragsvolumens hat.

Etwa um 1830 begann man den Wind zu erhitzen, bevor man ihn in den Ofen schickte. Erwärmt wurde er durch verbrennende Gichtgase, die beim Schmelzen entstanden. Am Anfang wurde der Wind durch hin- und hergehende oder auf- und absteigende Gußrohre geführt, die von brennenden Gichtgasen umzüngelt wurden und ihn so erhitzten. Später erfolgte die Erwärmung in den Winderhitzern auf verschiedene Art und Weise. Es gelang Windtemperaturen von 700 bis 800 Grad Celsius dauernd zu erreichen. Durch die Zuführung des heißen Windes wurde natürlich Brennmaterial eingespart. Es konnten aber auch bestimmte Eisensorten wie Ferromangan oder Ferrosilizium nur bei Zuführung so hoher Wärmegrade erzeugt werden.

Ein weiterer Fortschritt wurde durch das Einsetzen der Dampfmaschinen etwa um 1850 erreicht. Hierdurch wurde man unabhängig von der Wasserkraft und konnte, wenn man genügend Brennmaterial hatte, die Hütte zum ersten Mal das ganze Jahr über betreiben. 1853 gab es nur neun Hüttenbetriebe im ganzen Siegerland, die Dampfmaschinen im Einsatz hatten. Alle übrigen Hütten, und dies waren nicht wenige, mussten sich noch der Wasserkraft beugen.

Mit dem Bau der ersten Eisenbahnlinie begann quasi ein neuer Zeitabschnitt in der Siegerländer Stahlindustrie. Wir müssen unsere Eisenindustrie in drei Perioden bzw. Abschnitte einteilen. Die erste Periode begann weit vor der Zeitenwende und ging bis ins 14. Jahrhundert. Der mittlere Abschnitt begann mit der Nutzung der Wasserkraft im 14. Jahrhundert und endete etwa um 1850. Mitte des 19. Jahrhunderts mit Nutzung der Dampfkraft, Bau der Eisenbahnlinie, Verwendung der Elektrizität und Koks als Brennmaterial begann das Dritte, neuere Zeitalter der Siegerländer Stahlindustrie. Mit dem Bau der Eisenbahnlinie im Jahre 1861 begann auch ein Umbruch in der Siegerländer Industrie. Größere und modernere Hochöfen wurden nun an die neu errichtete Bahnlinie gebaut. Für viele Hütten, die keinen Gleisanschluss hatten, oder nicht in unmittelbarer Nähe der Bahn lagen, war dies das Ende, oder sie stellten sich auf einen anderen verwandten Produktionszweig um. Auch den Hütten im oberen Ferndorftal ging es so. Es überlebte nur die Allenbacher Hütte, das heutige Hammerwerk. Weiterhin wurde Koks, der billiger war und bessere Heizeigenschaften als Holzkohle aufwies, nun durch die neu erschlossenen Transportwege verwendet. Die erste größere Hüttenanlage im Siegerland, die komplett auf den Verbrauch von Koks eingestellt war, ist die im Jahre 1864 in Betrieb gehende Charlottenhütte in Niederschelden.

Die Entwicklung ging immer weiter und so erreichten Siegerländer Hochöfen um 1910 eine Höhe von 25 bis 30 m und eine Tagesproduktion von 130 Tonnen Roheisen. Längst war die alte Hütten- und Hammerordnung vergessen und ein offener Konkurrenzkampf mit anderen deutschen Gauen war da. Im Siegerland fand man Hüttenwerke, die zu den besteingerichteten Deutschlands zählten.

Die Form der Öfen wich nicht viel von der, wie früher ab, nur eben bedeutend größer. Der Ofen war nicht mehr mit starkem Mauerwerk umgeben, sondern stand frei da und war innen ganz mit feuerfesten Steinen ausgemauert. Unten war ein zylindrisches Gestell und dann folgten meist zwei aufeinander stehende Kegelstümpfe, die „Rast" und der „Schacht". Früher wurde den Erzen, bevor man sie in den Ofen gab, schlackenbildende Zusätze, besonders Kalksteine, beigemischt. Diese Arbeit nannte man „möllern" und die Mischung „Möller". Längst möllert man im Ofen. Erz und Kalksteine werden nun gleichzeitig in einer „Gicht", dem Ofen zugeführt. Jeder Erzschicht ging eine Koksschicht voraus, was man zusammen „Beschickung" nannte.

Im oberen Teil des Ofens, wo erhitzte Gebläseluft einströmte, schmolzen die Erze. Schlacke und Eisen sammelten sich im unteren Teil des Gestelles und zwar das schwere Eisen unten und darüber die leichtere, flüssige Schlacke. Hatte die Schlacke eine bestimmte Höhe erreicht, so floss sie durch die Schlackenform ständig ab. Zur Entfernung des Eisens wurde der Ofen abgestochen. Ein blendend leuchtender Strom flüssigen Eisens ergoss sich dann in ein künstlich angelegtes Sandbett, die „Leisten".

Trotz vieler Schwierigkeiten und großer Hemmnisse ist die Jahrhunderte alte Siegerländer Eisenindustrie seinerzeit zu einer bedeutenden Höhe emporgestiegen. Im Jahre 1912 wurden auf der ganzen Welt etwa 70 Millionen Tonnen Roheisen hergestellt. Dies wäre ein Stahlband um den ganzen Erdball von 1 m Breite und 22cm Dicke gewesen. Von dieser ungeheuren Eisenmenge wurde in unserem kleinen Siegerland sage und schreibe 1 Prozent gewonnen. Glücklich konnte sich jedes Land preisen, und dazu zählte auch das Siegerland, auf das die Wort Schillers einst passten: „Aus dem Felsbruch wiegt sich der Stein, vom Hebel beflügelt, in der Gebirge Schlucht taucht sich der Bergmann hinab. Mulzibers Amboss tönt von dem Takt geschwungener Hämmer, unter der nervigten Faust spritzen die Funken des Stahls."

4. Vor über 100 Jahren

Als noch die Radfahrkarte benötigt wurde

Zu Beginn des vergangenen Jahrhunderts musste jeder Radfahrer eine Radfahrkarte bei sich haben. Sie musste auf den Namen des Fahrers ausgestellt sein, eigenhändig unterschrieben und von der Behörde des Wohnorts ausgestellt sein. Die Gültigkeitsdauer betrug nur ein Jahr. Es war somit ein sogenannter Führerschein für Fahrräder, der jedes Jahr neu beantragt werden musste. Der Schein hatte eine laufende Nummer, aber auch Wohnort und Beruf des Eigentümers waren angegeben. Bei der Personenbeschreibung auf der Karte wurde weiterhin nach Alter, Statur, Haare und besonderen Kennzeichen gefragt. Für Personen unter 14 Jahren erfolgte die Ausstellung auf Antrag des Vaters, Vormundes oder sonstigen Gewalthabers. Die Vorschriften, die im vorhergehenden Absatz erwähnt wurden, fanden auf Militärpersonen in Uniform, Reichs-, Staats- und Gemeindebeamte, die

Amtskleidung trugen, keine Anwendung, sofern diese das Fahrrad zu dienstlichen Zwecken benutzten.

Man lächelt heute über China, wo die vielen Fahrräder, die dieses riesige Land hat, steuerpflichtig sind. Die Ausstellung der Radfahrkarte war in Preußen seinerzeit gebührenpflichtig. Somit gab es auch bei uns vor gut einhundert Jahren eine jährliche, indirekte Fahrradsteuer.

Der Verkehr mit Fahrrädern auf öffentlichen Wegen, Straßen und Plätzen war in der Polizeiverordnung geregelt. Jedes Fahrrad musste danach mit einer sicher wirkenden Hemmvorrichtung und einer helltönenden Glocke versehen sein. Während der Dunkelheit sowie bei starkem Nebel war das Fahrrad mit einer hell brennenden Laterne zu versehen. Ihr Licht musste nach vorne fallen und ihre Gläser dürften nicht farbig sein.

Ein besonderes Gaudi aus heutiger Sicht war der Aufstieg auf solch einen Drahtesel, den man bei den älteren Herren noch bis in die fünfziger Jahre des vorigen Jahrhunderts sah. Da es damals noch keinen Freilauf gab, war das Hinterrad mit ca. 6 cm langen Hutmuttern befestigt, die zur Anfahrt benötigt wurden. Auf die somit verlängerte Hinterachse wurde der linke Fuß gestellt und mit dem rechten Bein tüchtig angetreten. Hatte man genug Geschwindigkeit erreicht, streckte man das linke Kniegelenk, setzte sich auf den Sattel und trat in die Pedalen.

Die elektrische Beleuchtung durch den von einem Laufrad angetriebenen Dynamo kam erst um 1920 auf. Das Fahrrad war zur damaligen Zeit schon ein begehrtes Fortbewegungsmittel. Denn die Vorwärtsbewegung in der Ebene erforderte geringere Muskelkraft als das Gehen, und die Geschwindigkeit war gut dreimal so groß. Die Ausnutzung von Gefällen kam erst um 1904 richtig zum Tragen. Zu dieser Zeit erfand Ernst Sachs die Freilaufnabe und entwickelte später hierzu die Rücktrittbremse.

In der Verordnung hieß es weiter, der Radfahrer hat entgegenkommende, zu überholende, in der Fahrtrichtung stehende oder in Fahrtrichtung kreuzende Menschen, insbesondere auch die Führer von Vieh usw. durch ein deutlich hörbares Glockenzeichen rechtzeitig auf das Nahen des Fahrrades aufmerksam zu machen. Mit dem Glockenzeichen war sofort aufzuhören, wenn Pferde oder andere Tiere dadurch unruhig bzw. scheu werden. Hatte der Vorbeifahrende Menschen oder Tiere in Gefahr gebracht, war langsam zu fahren oder wenn erforderlich, sofort abzusteigen. Völlig freien Raum hatte der Radfahrer zu geben bei geschlossen marschierenden Truppenabteilungen, den Fuhrwerken der kaiserlichen Post, königlichen und Prinzlichen Equipagen (Kutschen) sowie den Fuhrwerken zur Reinigung öffentlicher Straßen. Das Vorbeifahren an eingeholten Fuhrwerken, Kraftfahrzeugen, Reitern, Fußgängern, Viehtransporten oder dergleichen hatte auf der linken Seite zu erfolgen. Die Fahrgeschwindigkeit war jederzeit so einzurichten, dass Unfälle und Verkehrsstörungen vermieden wurden. Innerhalb geschlossener Ortsteile durfte nur mit mäßiger Geschwindigkeit gefahren werden. Das Einbiegen in eine andere Straße hatte nach rechts in kurzer Wendung, nach links im weiten Bogen zu geschehen. Das Wettfahren und die Veranstaltung von Wettfahrten auf öffentlichen Wegen und Plätzen waren verboten. Ausnahmen bedürften der Genehmigung der zuständigen Polizeibehörde. Das zu überholende Fuhrwerk hatte auf das Glockenzeichen so viel Platz frei zu lassen, dass der Radfahrer auf der Fahrstraße ohne Gefahr vorbeifahren konnte. Verboten war das Überholen an Ecken und Kreuzungspunkten, auf schmalen Brücken, in Toren und überall da, wo die Fahrbahn durch Fuhrwerke verengt war. In all diesen Fällen sowie bei jedem bergab Fahren war es verboten, beide Hände gleichzeitig von der Lenkstange oder die Füße von den Pedalen zu nehmen. Die Anzahl der Autos war zu Beginn des 20. Jahrhunderts so gering, dass sie in der Polizeiverordnung für den Verkehr kaum erwähnt wurde.

Auf den Halteruf eines Exekutivbeamten war jeder Radfahrer verpflichtet, sofort anzuhalten und abzusteigen. Zur Kenntlichmachung eines Polizeibeamten war das Tragen einer Dienstmütze ausreichend. Übertretungen dieser Verordnung und die darin enthaltenen Anordnungen der Wegepolizeibehörden wurden mit Geldstrafen bis zu 60 Mark, im Unvermögensfalle mit entsprechender Haft bestraft, soweit nicht nach dem allgemeinen Strafgesetzbuch eine härtere Strafe eintrat.

Die jährliche Beantragung einer Radfahrkarte begann 1901, wo in der alten Stadt Hilchenbach 154 Karten ausgestellt worden sind. Diese strenge Regelung ging bis zum Jahre 1908, wobei nach Unterlagen des Hilchenbacher Stadtarchivs die Anzahl der Ausstellungen sank. So wurden Anno 1908 nur noch 36 Fahrkarten ausgestellt. Am ersten August 1908 traten nämlich durch eine Verfügung des Innenministers neue Vorschriften für den Radfahrverkehr nach Beschluss des Bundesrates für das gesamte Gebiet des deutschen Reiches einheitlich in Kraft. Die Radfahrkarten wurden ab diesem Zeitpunkt von der Polizeibehörde ausgestellt und eine beschränkte Gültigkeit, wie vorher, war nicht mehr zulässig. In der Verfügung hieß es weiter: „Von der Festsetzung einheitlicher Gebühren für die Ausstellung der Radfahrkarten sehen wir ab. Nur die Selbstkosten sind abzudecken, der Betrag darf über 50 Pfennig nicht hinausgehen. "

Wehmütig klang das Posthorn auf der letzten Tour

Wenn auch in vielen Gegenden Deutschlands die Postkutscher schon unterwegs waren, um Nachrichten und Waren zu befördern, gab es sie bei uns im Siegerland noch nicht. Wir lagen damals und heute an keiner wichtigen Verkehrsader bzw. Route. All dies und auch die schlechten Wege und Straßen ließen bei uns die Postkutschen erst etwas später fahren. Um 1700 wurde das Siegerland aber gleich von drei Routen durchkreuzt. Es waren die Linien Siegen-Köln, Frankfurt a. M.-Siegen und Siegen–Attendorn. Heftig wurde sich nach dem siebenjährigen Krieg um diese Linien zwischen Kurpfalz, Kurköln, Preußen sowie Thurn und Taxis gestritten.

Dies war natürlich für die Entwicklung der Post keinerlei Vorteil. Durch die Kurpfalz bekam das Siegerland endlich im Jahre 1782 an die wichtige Strecke Memel–Berlin–Cleve Anschluss. Bei der französischen Besatzung traten 1809 neue Ungereimtheiten auf, als die „Marie" Hilchenbach zum Departement Dillenburg kam. Sie wurde seinerzeit dem Großherzogtum Berg angeschlossen.

Eine Briefsammlung gab es ab 1824 in Hilchenbach. Dienstags und samstags brachten besondere Boten Pakete und Briefe zum preußischen Postamt nach Siegen. Zwei Jahre später gab es die erste Postexpedition in Hilchenbach. Für Stadt und Landbezirk war der erste Expeditor - Bürgermeister Johan Henrich Reifenrath, der dieses Amt bis 1851 begleitete. Im Hause W. G. Weiß Bruchstraße 12, später Walter Freudenberg, war die erste Posthalterei, wo auch der Pferdewechsel stattfand.

Dreimal wöchentlich wurde zum Beispiel um 1850 in Hilchenbach die Post verteilt. Zu diesem sehr großen Landbestellgebiet gehörte Altenteich, Lützel, Hof Ginsberg, Buchhelle mit Grube Irene, Helberhausen, Oberndorf, Hof Schreiberg, Vormwald, Grund, Öchelhausen, Ruckersfeld, Buchen, Hillnhütten, Stift Keppel, Allenbach, Hof Stöcken, Haarhausen, Sterzenbach, Hadem und Hilchenbach selbst.

Außer der Personenpost, es war die Postkutsche, wurde auf den wichtigen Strecken auch eine Bodenpost eingerichtet. Der Hilchenbacher Postschaffner Haardt, der für die Beförderung von Hilchenbach nach Erndtebrück zuständig war, ging jeden Morgen bei jedem Wetter nachts um 4 Uhr los. Er legte auch zur Winterzeit täglich etwa 30 km zurück.

Der Hilchenbacher Postschaffner Hoppe erzählte seinerzeit, dass er als 15-jähriger 1882 nachts eingehende Eilbriefe, die entsprechend frankiert waren, sofort bei jedem Wetter bis nach Altenteich und überall im Bezirk bestellt hätte. Ab 1880 war ein Herr Langenbach Postverwalter in Hilchenbach. Bei Revisionen musste er manchmal von seiner geliebten Jagd heim geholt werden und wurde deswegen 1885 abgelöst. An das Telegraphennetz im Morsebetrieb wurde Hilchenbach am 1. Dezember 1873 mit der Nummer 882 angeschlossen. In den Jahren von 1877 bis 1881 gingen in Hilchenbach jährlich etwa 15 000 Briefe mehr ein als abgeschickt wurden sind. So wurden 1881 immerhin 67 734 Briefe nach Hilchenbach geschickt und nur 51 660 Briefe Verliesen das Postamt.

Erwähnenswert ist noch, dass Anno 1900 in Hilchenbach das erste Fernsprechamt eröffnet wurde. Es bekam in diesem Jahre schon 34 Anschlüsse. Die Nummern 1 bis 5 waren folgende Teilnehmer: Ruf-Nr. 1 Weiss, Leimfabrik; Ruf-Nr. 2 Vogtmann & Co.; Ruf-Nr. 3 Lederwerke; Ruf-Nr.4 Vollpracht und Weiss, Chem. Fabrik; Ruf-Nr. 5 Hüttenhain, Eduard.

Öfters blieben die Postkutschen bei den schlechten Wegverhältnissen im Morast stecken. Es mussten dann Ochsen, die stärker waren, als Pferde vorgespannt werden, um die Karre aus dem Dreck zu ziehen. Aus dieser Zeit stammte auch das Sprichwort: „ Man muss die Karre wieder aus dem Dreck ziehen." Dies war oft sehr zeitaufwendig und so mussten Postillion und Reisende oft in Hilchenbach übernachten. Hierüber freuten sich die Reisenden nicht, allerdings die hiesigen Gastwirte.

Es war schon ein Wagnis seinerzeit mit der Postkutsche zu reisen. Vorsorgliche Personen bestellten vor Antritt einer langen Reise ihr Haus und ließen sich vorher in der Kirche die Sakramente reichen.

Nach Fertigstellung der Wittgensteiner Straße, der heutigen B 508 im Jahre 1835, wurde der Postverkehr Kreuztal–Hilchenbach und zurück aufgenommen. Zuerst fuhr wöchentlich ein Einspanner die Post. Später wurde täglich gefahren und man nahm auch Personen mit. 1838 kam die Strecke Laasphe–Hilchenbach–Kreuztal und retour hinzu. 8 Silbergroschen pro Meile betrug das Fahrgeld. Hierbei waren noch 30 Pfund Gepäck frei. Anno 1842 kam die Personenpost Hilchenbach-Siegen und natürlich wieder zurück mit 6-sitzigen Wagen dazu.

Die Route Siegen–Marburg, die über Kreuztal, Hilchenbach, Erndtebrück, Laasphe und zurück galoppierte, wurde 1846 in den Postverkehr aufgenommen. Die tägliche 2-spannige Fahrpost verließ Siegen um 6 Uhr und erreichte Marburg abends um 19 Uhr. Ab 1851 kam noch die Strecke Siegen–Hilchenbach–Plettenberg und retour, die täglich gefahren wurde, hinzu. Am 1. Januar 1852 wurde noch eine tägliche viersitzige Personenpost von Hilchenbach nach Laasphe eingerichtet. Man dachte überall noch nicht fortschrittlich. So waren 1852 die Gemeinden Allenbach und Lützel nicht an dem Vorzug interessiert, auf Gemeindekosten Briefkästen aufzustellen. Die letzte eingerichtete Strecke war von Hilchenbach nach Altenhundem. Da diese nicht wirtschaftlich war, bestand sie nicht lange.

Diese sehr rege Personenpost in Hilchenbach endete mit Eröffnung der Eisenbahnlinie Kreuztal–Hilchenbach, in denen auch zwei Bahnpostwagen mit Postschaffnern mitfuhren, am 1. März 1884. Die letzte offizielle Fahrt einer Postkutsche im Ferndorftal war am 29. Februar 1884 und wurde ein wahres Fest. Die Postillione bliesen ganz wunderbar und länger als üblich. Der Ferndorfer Apotheker ließ bei der Durchfahrt ein brillantes Feuerwerk abbrennen. Der Fahrplan wurde nicht eingehalten, denn in den Wirtshäusern tränkten Postillione und Fahrgäste tüchtig.

Die Hilchenbacher berichteten über die Ankunft der letzten Postkutsche: "Am Vorabend der Eröffnungsfeier hörten wir zum letzten Male die lang gewohnten meistens melancholisch klingenden Töne des Posthorns. Sie klangen besonders wehmütig auf dieser letzten Tour."

Abschied des Postillions vom Ferndorftal

Mit schwermutstiefem Hornesklang

der Postillion das Tal durchzieht,

und von der Bergeshäupter Hange

klingt trüb zurück sein Abschiedslied.

Leb wohl! Wie liegst du mir am Herzen,

du Örtchen nach dem Kreuz benannt.

Wo unter Sang und tausend Scherzen

ich mein Röslein angespannt.

Du Ernsdorf mit den grünen Matten,

du Ferndorf mit dem hohen Turm

ach, mein Gemüt umziehen Schatten,

an meinem Herzen nagt der Wurm.

Nach Aherhammer geht mein Sehnen

und Kredenbach mein warm Gesicht
mir rinnen heiße Abschiedstränen.
Wo bleib hinfort ich armer Wicht.

Nun Lohe hart am Waldesrande,
dann Dahlbruch, wo Paläste stehen
von euch, von euch mir Allbekannte
muss trauernd ich von hinnen gehen.

Hillnhütten winkt im schmucken Rahmen
von saftigen Grün und Waldesnaht.
In Keppel schaut ich junge Damen
verführerische Augenpracht.
Mein Blasen will nur schwach gelingen
heut durch dies zauberische schöne Tal.
O, Allenbach dir gilt dies Klingen
Haarhausen, ach du machst mir Qual!

Nach Hilchenbach nun lasst mich fahren
den Grenzen lächelnd gilt mein Gruß.
Da auch von dort noch nach wenigen Jahren
ich weiter ziehen muss.

So stoß ins Horn ich trüben Lautes

und schwing die Peitsch mit dumpfem Schall.
Lebt wohl, leb wohl, mein süßes, trautes,
mein viel geliebtes Ferndorftal.

Es stehen die Mägdlein an den Straßen
und weinen um den Postillion.
Sie hören nun ihn nicht mehr blasen
mit seines Hornes munterem Ton.

Es hat seinen Feuerrosse
der Führer lenks mit sicherem Griff.
Und spricht: Ich weich dem letzten Trosse
der Post heut meinen besten Pfiff.

Am Pudelwerk in Sonntagslaune
ruft der Gewerke reibt die Hand
Gottlob, dass hinterm Chausseezaune
uns endlich nun die Bahn entstand.

Jetzt liegt man mitten doch im Bette
und teilt mit anderen Leut die Sonn.
Bald wieder, nah, was gilt die Wette
heißt es, alle Schlagen dich darum.

Von März 1884

5. Die alte Bergstadt Siegen

Turmgekrönt mit Mauergürtel schaut sie trutzig ins Land

Die alte Bergstadt Siegen war seinerzeit eine wahrhaftige Festung. Turmgekrönt mit Mauergürtel schaute sie trutzig ins Land. Die Stadtbefestigungen waren in den vergangenen Jahrhunderten unter harten Fronarbeiten geschaffen worden. Die Stadtmauer war wohl überall mit einem Umgang versehen, über dem sich ein Dach befand. In dem Brandbericht von 1593 wird ausdrücklich das Dach der Stadtmauer an der Hinterstraße erwähnt, welches auf eine Länge von 300 Fuß vernichtet wurde. Auch in einem Bericht vom Magistrat der Stadt Siegen im Jahre 1833 an die Regierung in Arnsberg wird von der noch unter dem Dach stehenden Mauer am Hain gesprochen.

Es gab damals drei Zufahrtsstraßen zur Bergfeste Siegen. Und wer in die Stadt hinein wollte, musste durch starke Tore gehen, die mit mächtigen Bollwerken geschützt waren. Es war das Kölner-, das Löhr,- und das Marburger Tor. Neben den Haupttoren für den großen Verkehr waren um 1500 noch verschiedene kleinere Tore da. Sie wurden Porte bzw. Pforte genannt und waren für den Zugang von Feldern, Gärten und gewerblichen Anlagen, die außerhalb der Stadt lagen.

Die größte Befestigungsanlage hatte das Marburger Tor. Ein feuchtes und dunkles Gewölbe von nicht unbeträchtlicher Länge war beim Eingang in die Stadt zu durchschreiten. Das Löhrtor und auch das Kölner Tor hatten je drei befestigte Pforten, die durchschritten werden mussten. Das Löhrtor hieß seinerzeit Wetzlarer Tor. Auch die Straßenbezeichnung wechselte.

So wurde bis 1404 die „wetflergasse" erwähnt, die identisch mit der 1455 erstmals erscheinenden „loirgasse" war. Seit dieser Zeit hieß diese Straße immer Löhrgasse oder Löhrstraße. Das Gerber- oder auch Löhergewerbe genannt, war in Siegen sehr früh und lange beheimatet gewesen. Es hatte in der zweiten Hälfte des 15. Jahrhunderts einen großen Aufschwung. Die Löher zogen seinerzeit fast alle, da sie hier näher am Wasser waren, in diese Gasse, die zum Wetzlarer Tor führte. Das Tor, welches an der großen nach Wetzlar führenden Straße lag, hatte den Namen noch länger als die Straße behalten. Erst um 1600 wurde es Löhrtor genannt.

Etwa um 1800 begann der Verfall der Befestigungswerke der Stadt Siegen. Hinzu kam, dass bei dem starken Wachstum der Bevölkerung und des aufblühenden gewerblichen Lebens der Bürgerschaft es zu eng in dem Mauergürtel wurde. Zuerst ließ der Stadtpräfekt einen dreistöckigen Turm am Marburger Tor abbrechen. Um 1815 begann der Abbruch der Wehrgänge auf der Stadtmauer. Das Torgewölbe des Marburger Tores wurde im Jahre 1830 beseitigt und das Bollwerk, welches damit verbunden war, kam 1852 bzw. 1889 zum Abbruch. Danach wurde auch das Kölner Tor abgerissen. Auch das Löhrtor, welches am längsten der drei Tore erhalten blieb, musste dem Neubau von Häusern weichen.

Der Beigeordnete Schutz gab im Jahre 1810 eine genaue Beschreibung des Marburger Tores. Vom Turm, Tor und Bollwerk sagte er Folgendes. „Der Turm maskiere für den aus der Stadt kommenden das dahinter liegende große Torgewölbe. Er sei uralt, eine Zierde der Stadt und in seinen drei Etagen sehr dauerhaft gebälkt und gedielt. Jedes Stockwerk enthalte ungefähr 20 Fuß Quadrat im Lichten und das inwendige Gehölze werde, wenn es zum Abbruch kommen sollte, von Sachkennern auf 100 Rtl. angeschlagen. An diesem Turme befinde sich in unmittelbarer Verbindung das große Torgewölbe. An dieses Gewölbe stößt ein anderes, welches zur Defensive des eben gedachten Gewölbes Schießlöcher ha, und haben beide Gewölbe eine Mittelmauer. Auf diesen beiden Gewölben steht das auf das schönste eingerichtete Bollwerk mit Brustwehr, Schießscharten, Kanonenhaus, und am Ende desselben befindet sich die Wohnung des Pförtners nebst Stallung, Mistenstätte, Graserei, Garten und Obstbäumen."

Durch diese drei Tore ging der gesamte Verkehr in die Stadt und wieder heraus. Es zogen hinein und heraus die reitenden und fahrenden Posten, herrschaftliche Fuhrwerke und Bediente. Die Planwagen der reisenden Kaufleute und Händler, die Frachtwagen der Eisen- und Kohlenfuhrleute, die Wagen und Karren der Landleute, welche Holz und Viktualien in die Stadt brachten. Durch diese Tore zogen die in blaue Kittel gekleideten Landleute sowie Prediger und Ärzte zu ihrem Werke. Auch das fahrende Volk musste hindurch. Es waren Bettler, Zigeuner, Mäckese, Porzellan-, Olitäten-, Gewürz- und andere Krämer, Pfannenpflicker, Korbmacher, Scherenschleifer, Taschenspieler, Glückstopfkrämer, Riemenstecher, Lumpen- und Schuhlappensammler. Den Fahrenden war die Stadtpolizei scharf auf dem Fuße und die Torwächter hatten ein wachsames Auge auf alle verdächtigen Menschen, die ein und ausgingen.

Ein Verkehrshindernis bildeten wie in allen befestigten Städten die Tore. Man nahm dies gerne in Kauf, da es eine Sicherheit für die Bürger war. Auf Wunsch erhielt die Stadt Siegen am 15. März 1783 von der fürstlichen Landesregierung in Dillenburg ein Reglement für eine sogenannte Torsperre. Die Tore wurden abends, es war unterschiedlich je nach Jahreszeiten, einige Stunden geschlossen. „In den Monaten Junius, Julius und Augustus fängt die Sperrzeit des Abends um 9 Uhr an und dauert bis 12 Uhr nach ausgeschlagener Glocke." Eine viertel Uhr vor dem Anfang der Sperrzeit wurde durch ein Trommelschlag auf dem Stadtturm zu jedermanns

Benachrichtigung das Zeichen gegeben, dass die Sperre nach Ablauf von ein viertel Uhr ihren Anfang nehmen werde.

Jede Person, die in dieser Zeit zu Fuß durch ein Tor ging, musste zwei Kreuzer zahlen. Von jedem Pferd, Maultier, Ochsen oder Esel wurden vier Kreuzer Speergeld erhoben. Befreit von diesem Sperrgeld waren die herrschaftlichen Kutschen und Boten. Das Militär zu Fuß oder zu Pferde, die Posten und die Feuerläufer. Auch befreit waren die Boten welche „zur Herbeiholung eines Medici, Chirurgi oder einer Hebamme oder zur Abholung nötiger Arzneimittel abgesandt wäre." Die Einnahmen aus dem Sperrgeld flossen in die damalige Armen-Verpflegungsanstalt. Die Sperrgelderheber wurden vom Stadtgericht bestellt und in die Pflicht genommen.

Knarrend schlossen sich zu bestimmten Stunden die Flügel der Stadttore und öffneten sich wieder zur festgesetzten Zeit. Der sittsame Bürger fühlte sich geborgen hinter Mauern, Toren und Wällen. Er ging abends zeitig, ehe die Lumpenglocke schlug, nach Hause. Lumpenglocke ist die Bezeichnung für mehrere Glocken, die abends das Schließen der Stadttore einläuten. Der Zecher - die Lumpen - wurden hierbei an die späte Stunde erinnert und aufgefordert, nach Hause zu gehen.

Eine Quelle sprudelt unter der Nikolaikirche

Die Siegener Nikolaikirche ist wegen ihres sechseckigen Grundrisses, den sie ursprünglich unverschleiert zeigte, eine architektonische Seltenheit. Wir haben zwar in Deutschland Kirchen, die einen acht- oder zwölfeckigen Grundriss haben, aber nirgendwo gibt es noch eine mit einem sechseckigen Grundriss. So soll die Nikolaikirche das einzige europäische Hallenhexagon nördlich der Alpen sein. Wegen der Hanglage ist es vermutlich zu diesem seltenen Grundriss gekommen, denn diese empfiehlt einen Bau in die Breite.

Der Baubeginn war in der ersten Hälfte des 13. Jahrhunderts. Es war nach der Martinikirche der zweite Kirchbau in Siegen. Zuerst war sie wohl nur eine zusätzliche Kapelle sowie eine Taufkirche für den Nassauischen Adel. In unmittelbarer Nähe war der Markt, wo Handelsniederlassungen und Kaufleute zu Hause waren. Da diese seinerzeit schon mächtigen Einfluss hatten, wurde die Kirche auf ihren Schutzpatron den Hl. Nikolaus geweiht. Der Bau ist nicht wie üblich nach Osten ausgerichtet. Er liegt genau auf der Achse zwischen dem Schloss auf der Siegbergkuppe und der Martinikirche.

Eine Schule fand sich seit dem 14. Jahrhundert in der Nikolaikirche. Unter dem Kirchendach waren Anno 1607 fünf Klassenräume von einer Knabenlateinschule belegt. Die Räume lagen über den Gewölben des Kirchenschiffes und waren über einen 72 stufigen Treppenturm erreichbar. Das Satteldach der Kirche wurde wegen der Schule mit mehreren Dachgauben und einem Reiter für die Schulglocke versehen. Bis ins Jahr 1817 bestand hier die Lateinschule. Aus ihr ging das heutige Gymnasium am Löhrtor hervor. Treppenturm, Gauben und Dachreiter wurden nach dem Auszug der Schule wieder entfernt.

Der Bau des 53 Meter hohen Kirchturmes hatte die Stadt finanziell sehr belastet. Durch Steuern auf Bier und Wein sowie auf landwirtschaftliche Erzeugnisse und Spenden wurde die Finanzierung gesichert. Die Bruchsteine für den Turm wurden in Siegen am Ziegenberg gebrochen. Die Steine für die Fenstereinfassungen kamen aus Marburg. Im Jahre 1463 wurde der Turmhelm errichtet und auf die Spitze des Turmes wurde ein vergoldetes Kruzifix gesetzt. In diesem Jahr wurde auch die heute noch vorhandene

Stundenglocke gegossen und die erste Uhr in den Turm gesetzt. Unmittelbar unter dem Helm erhielt der Turm 1537 ein Wächterhaus und einen Rundumgang, von wo aus die Stadt wunderbar zu beobachten war. Ein Kamin auf dem Helm, den man auf alten Bildern noch sehen kann, war Zeuge dieser Wächterwohnung. Erst am 1. Oktober 1855 wurde die Turmwache auf der Nikolai abgeschafft.

Die Nikolaikirche ist seit der Reformation ein ev. Gotteshaus. Evangelisch reformierte Pfarrkirche von Siegen wurde sie 1580. Bis 1630 war in dieser Kirche die Familiengruft des Hauses Nassau-Siegen. Danach erfolgten die Umbettungen und die Beisetzungen in die Fürstengruft im unteren Schloss zu Siegen. Das Innere der Kirche hatte zu jener Zeit einen gewaltigen Eindruck gemacht. Wenn man im Inneren stand, ging der Blick automatisch an den mächtigen Pfeilern empor zu den Gewölben. Wände und Gewölbe waren seinerzeit bemalt. Reste hiervon und zwar Darstellungen des Leidensweges und die Kreuzigung Christi, das Verhör von Pilatus und die Stadt Jerusalem waren bis in unsere Zeit noch vorhanden. Die beiden Nebenaltare links und rechts wurden hell beleuchtet. Durch diese Lichtflut etwas verschleiert und so besonders geheimnisvoll und feierlich wirkender, um einige Stufen erhöht, Hauptchor.

Wenn wir uns in jene Zeit zurückversetzen, müssen wir Achtung und Ehrfurcht vor der Gestaltungskraft und dem Kunstsinn unserer Ahnen haben. Weniger erfreut können wir aus künstlerischer Sicht sein, was im Jahre 1658 durch Fürst Johann Moritz im Innenraum der Nikolaikirche geschah. Um Platz zu schaffen, wurden überall im Schiff und Chor bis dicht unter die Gewölbe reichende hölzerne Emporen eingebaut. Die bei diesem Einbau hinderlichen Pfeiler wurden abgeschlagen, die Bogen verstümmelt und die Fenster zum Teil vergrößert. Auch die uralte Malerei wurde zum Teil übertüncht und zwei hölzerne Treppenhäuser innen eingebaut.

Als Vorbild dieser Änderung waren die reformierten Kirchen in den Niederlanden und Frankreich. Die Raumschönheit musste leider den Raumbedürfnissen weichen. So büßten viele mittelalterliche Kirchen im 17. und 18. Jahrhundert ihre innere Schönheit durch Einbau von Emporen ein.

Als Dank für die Erhebung in den Reichsfürstenstand ließ Fürst Johann Moritz am 17. August 1658 eine vergoldete Krone von 2,35 Meter Durchmesser auf die Turmspitze der Nikolai setzen. Das Krönchen, wie es im Volksmund später genannt wurde, ist heute das Wahrzeichen der Stadt Siegen. Unterhalb ist eine Windrose und über der Krone ein 3,5 Meter langer Windpfeil. Für das Aussehen vorteilhaft war auch, dass die Krämerbuden, die sich außen anlehnten, befestigt wurden. Alle Erneuerungsarbeiten so auch der einzigartige aus Eisenplatten bestehende Fußboden wurden vom Fürsten Johann Moritz beglichen.

Die schlimmen Veränderungen gingen in den Folgejahren immer weiter. Auch ein Fürstenstuhl, es war eine erhöhte abgetrennte Sitzgelegenheit für die Fürstenfamilie, die über dem Altar im Chor lag, wurde errichtet. Schließlich verlor man gegen Ende des 19. Jahrhunderts die Freude an dem verunzierten und doch so ehrwürdigem Gotteshaus. Chronisten berichtigten sogar, dass man an den Abbruch dieser historischen Kirche gedacht hätte. Durch die gewaltigen Renovierungen in den Jahren 1903 bis 1905, die wie eine Erneuerung wirkte, bekamen die Siegener wieder Freude an ihrer alten Stadtkirche. Erwähnenswert ist noch, dass unter dem nördlichen Seitenchor eine Quelle sprudelt. Vermutlich ist es die Quelle des Donzenbachs. Denn woher gäbe es sonst in der Oberstadt eine Donzenbachstraße? Es wird wohl immer verborgen bleiben, ob die Quelle auch genutzt wurde, um Taufwasser aus ihr zu schöpfen.

Sechs Glocken sind im Turm der Nikolaikirche, von denen fünf aus dem Mittelalter stammen. Solch ein Bestand ist in NRW nur noch im Herforder Münster zu finden. Für die Stundenglocke, die 1463 gegossen wurde, soll man in der Stadt Metall, somit Töpfe und Schüsseln gesammelt haben. Die Glöckner schliefen im 15. Jahrhundert nachts noch in der Küsterei der Nikolaikirche, um die Glocken jederzeit läuten zu können. Sie waren nicht nur für das liturgische Läuten verantwortlich, sondern mussten auch die Glocken bei drohender Gefahr läuten. Die Marienglocke berichtete mit ihrer Inschrift von der Nebenaufgabe als Notglocke. „Man soll mich läuten in Gottes Ehre und in der Not der Bürger." Die Jung Stilling Glocke ist die jüngste. Sie kam 1947 in den Turm und ersetzte die Abendglocke aus dem Jahre 1408. Sie hatte einen Sprung, konnte aber 1993 repariert werden und läutet seitdem wieder. Bevor 1905 das elektrische Läutewerk eingebaut wurde, hatte man die Glocken der Nikolaikirche schon über 600 Jahre manuell geläutet.

Als am 16. Dezember 1944 Siegen von den Alliierten Streitkräften in Schutt und Asche gelegt wurde, wurde auch die Nikolaikirche bis auf den Kirchturm fast vollständig zerstört und brannte bis auf die Grundmauern nieder. Ein übergreifen des Feuers auf den Turm mit dem historischen Glockenstuhl wurde durch eine kurz zuvor eingebaute Brandschutztür verhindert. Der Wiederaufbau der Nikolaikirche, so wie sie heute ist, dauerte genau 10 Jahre. Denn am 16. 12. 1954 wurde sie von der Gemeinde wieder feierlich übernommen. Eine Altarbibel ist Zeuge für diesen Tag mit Widmung und Unterschrift des damaligen Bundespräsidenten Theodor Heuss.

6. Persönlichkeiten

Carl Kraemer - "Vater des Tierschutzgesetzes"

Wenn über die bedeutenden Söhne unseres Heimatlandes geschrieben wird, dann darf der Hilchenbacher Friedrich Ernst Carl Kraemer, der große Tierschützer, nicht fehlen. Carl Kraemer wurde am 22. Dezember 1873 in der Bruchstraße in Hilchenbach geboren und beschäftigte sich von klein auf mit Tieren und Pflanzen. Den heimischen Vögeln galt seine besondere Liebe. Nach der Schule erlernte er das Sattlerhandwerk und wurde später Sattlermeister. Bereits 1899 übernahm er den Vorsitz des 1885 gegründeten Hilchenbacher Tierschutzvereins.

Mit 23 Jahren wurde er korrespondierendes Mitglied der zoologischen Sektion des Westfälischen Provinzialvereins für Wissenschaft und Kunst in Münster. 1894 lernte er Hans und Meta Beringer kennen, die den Berliner Tierschutzverein zur Bekämpfung der Massentierquälerei leiteten. Es entwickelte sich zwischen ihnen eine enge Freundschaft. Die Berliner hatten seine Fähigkeiten schnell erkannt und so wurde er 1911 Geschäftsführer ihres großen Vereins. Zu dieser Zeit waren beide schon einige Jahre verstorben. Per Handschlag hatte er aber dem Ehepaar Beringer versprochen, ihre Arbeit weiter zu führen. Das Versprechen hatte er bis zum letzten Atemzug gehalten.

Im ersten Weltkrieg bereiteten die motorisierten Fahrzeuge immer wieder große Schwierigkeiten. Deswegen war zunächst für die kriegsführenden Nationen das Haupttransportmittel das Pferd. Es war geländegängig und benötigte weder Ersatzteile für Reparaturen noch Benzin. Das Elend dieser

Tiere hatte Kraemer schnell erkannt, denn bei einer Beinverletzung wurde das Ross zu Beginn des Krieges sofort erschossen. Aus diesem Grunde setzte sich Kraemer im ersten Weltkrieg besonders für den Schutz verwundeter Pferde ein. Diese Tätigkeit wurde von vielen Persönlichkeiten seinerzeit unterstützt. Er errichtete Pferdelazarette und startete Aufrufe für Geld- und Sachspenden. Im Jahre 1915 entwickelte er sogar einen Pferdetransportwagen, um die Tiere so schmerzlos wie möglich in die Lazarette zu befördern. Der Wagen wurde später in Serie gebaut. Dieser Transportwagen war unverkennbar die Mutter aller heutigen Pferdeanhänger. Zu seinen Förderern zählte auch Generalfeldmarschall Paul von Hindenburg, der spätere Reichspräsident.

Die Interessen des Deutschen Reiches vertrat er beim internationalen roten Stern, der im Juni 1945 in Genf tagte und den verwundeten Kriegspferden internationalen Schutz gewähren sollte. Der rote Stern hatte die ähnliche Aufgabe wie das rote Kreuz nur für die Tierwelt. Alleine auf deutscher Seite waren im diesem Kriege über 1 ½ Millionen Pferde im Einsatz, von denen 2/3 der Tiere verstarben. An dieser Zahl ließ sich erkennen, welch edle Aufgabe sich Kraemer u. a. aufgebürdet hatte.

Nach dem ersten Weltkrieg betrieb er in Berlin eine Druckerei. In Millionen Auflagen wurden hier Werbeschriften für den Tierschutz hergestellt. Das eigene Verlagsgebäude stand in Berlin-Kreuzberg und hatte mehrere Dutzend Angestellte. Kraemer hatte schnell erkannt, dass die Arbeit für den Tierschutz Stückwerk bliebe, solange eine ausreichende gesetzliche Grundlage fehlte. Lange schriftliche Ausführungen liebte er nicht, denn nach seiner Meinung landeten sie nur bei den Akten. Er marschierte selbst in Land- und Reichstage und überzeugte die verantwortlichen Menschen persönlich. Er hatte verschiedene Ausweise, die ihm jederzeit Zutritt gewährten.

An der Gründung des Schlachtgesetzes und der Regelung der Betäubung aller Schlachttiere vor der Blutentziehung hatte er großen Anteil. Er verfasste Resolutionen für nationale und internationale Fachtagungen und trieb somit den Tierschutz auch im Ausland voran. Den größten Erfolg hatte er am 24. November 1933, als das erste deutsche Tierschutzgesetz erlassen wurde, was die Krönung seines Lebens wurde. Hierbei flossen seine Interessen und Forderungen ein, denn er hatte sich mit großer Leidenschaft dafür eingesetzt. Aus diesem Grunde nannte auch der damalige zuständige Referent im Reichsministerium des Inneren Dr. von Seefeld Carl Kraemer als den "Vater des Tierschutzgesetzes". Das Gesetz galt seinerzeit als sehr fortschrittlich und hatte eine Vorbildfunktion auch im Ausland.

Die Nationalsozialisten wollten damals die deutschen Tierschutzvereine in den Reichstierschutzverband einnehmen und Carl Kraemer ausschalten. Dieses unterband Kraemer, in dem er den Berliner Tierschutzverein auflöste und den „Verlag Tierschutzwerbedienst GmbH" gründete. Die Sonderdrucke hießen u. a. „Tierschutz im Kriege". Darin waren einige Berichte von Carl Kraemer „ Tierschutz im Felde", aber auch von Tierarzt Dr. Rolf Korkhaus „Arbeit in einem Pferdelazarett".

Wer geglaubt hätte, dass die Pferde im zweiten Weltkriege keine Rolle mehr gespielt hätten, der irrte sich. Es waren alleine auf deutscher Seite 2,7 Millionen Rösser und Maultiere im Einsatz. Ihr Blutzoll war immens, denn es sollen nach Schätzungen 1,8 Millionen davon umgekommen sein! Umgerechnet auf die Dauer des Krieges waren es täglich 860 Pferde!

Die Papierknappheit im zweiten Weltkrieg machte später diese Arbeit fast unmöglich. Das Verlagsgebäude wurde durch Bombenangriffe im April 1945 zerstört. Carl Kraemer setzte nun seine Arbeit erfolgreich in seiner Heimatstadt Hilchenbach, in die er Ende 1943 wieder gezogen war, bis zu seinem Tode am 12. Mai 1951 fort. Aus dieser Zeit wurde besonders bekannt „Der deutsche Tierschutzkalender" für die Schulen.

Am 20. Juni 1978, 27 Jahre nach seinem Tod, wurde in Bad Harzburg die Carl – Kraemer – Stiftung gegründet. Sie hat heute ihren Sitz in Hilchenbach. Die Förderung von Wissenschaft, Bildung, Erziehung und Kultur auf dem Gebiete des Tier- und Naturschutzes hatte sie als Hauptaufgabe. Die Stiftung wollte sicherstellen, dass die Arbeit des Berliner Tierschutzvereins überall, wo eben möglich ist, fortgesetzt wurde. Aber auch, dass das Lebenswerk des Hilchenbachers Carl Kraemer, des wohl bedeutendsten deutschen Tierschützers, der den Verein von 1911 bis 1951 mit gestaltete, erhalten bliebe.

Carl Kraemer ist seit dem 16.02.1955 Namensgeber der „Carl-Kraemer-Grundschule" in Berlin-Wedding. Berlin ehrte damit Kraemer für sein hervorragendes Wirken in der Hauptstadt. Genau 50 Jahre später, am 23. Februar 2005 gab der Stadtrat von Hilchenbach der Realschule den Namen Carl-Kraemer-Realschule. Um diesen großen Tierschützer in Erinnerung zu behalten, hat man in Hilchenbach auch eine Straße den Carl Kraemer Weg nach ihm benannt.

Ein Jahrhundertwerk vollbracht

Am 29. November 1874 wurde Wilhelm Münker, der Mitgründer des Deutschen Jugendherbergswerks, in Hilchenbach geboren. Als Gründungstag der deutschen Jugendherbergsbewegung, die sich in der ganzen Welt ausgebreitet hatte, gilt der 26. August 1909. Die erste „richtige" Jugendherberge der Welt war die Burg Altena und wurde 1912 eröffnet.

Die Entwicklung dieses Jugendherbergswerk war schon erstaunlich. So waren kurz vor 1933 in Deutschland schon über 2.100 Jugendherbergen vorhanden, in denen im Jahr über vier Millionen Menschen, besonders Jugendliche, übernachteten. Dies war eine ungeheure organisatorische und finanzielle Leistung. Dieses große Werk wurde zu einem Vorbild in fast allen Ländern der Erde. Die Grundlage hierfür hatte zu einem großen Teil der Hilchenbacher Fabrikant Wilhelm Münker geschaffen.

Nach dem Kriege wurden die Jugendherbergen modernisiert und reduziert. Längst sind die Blechkaffeekannen und die Decken, wo „Fußende" drauf stand, verschwunden. Der Höchststand der Herbergen nach dem Kriege mit 723 Häusern in der BRD war 1960 mit 7,8 Millionen Übernachtungen. 11.003.312 Übernachtungen war 1979 der Rekord in 563 Jugendherbergen. 1990 traten die Landesverbände der neuen Bundesländer dem DJH bei.

Heute gibt es in 89 Ländern mehr als 4.000 Jugendherbergen, in denen im Jahr etwa 38 Millionen Übernachtungen gezählt wurden. Bei diesen vielen Übernachtungen kann man erkennen, dass in einer Jugendherberge zu übernachten, immer noch ein besonderes Erlebnis ist.

Ein Jahrhundertwerk vollbracht

Bereits 1907 richtete der Herbergspionier Wilhelm Münker am Preist in Hilchenbach, in einem Trockenraum der ehemaligen Gerberei Hüttenhein, eine Schüler- und Studentenherberge ein. In dieser Herberge, die zuerst nur für Jungen war, hatten 1907 schon 63 und in den darauffolgenden Jahren 103 bzw. 170 Schüler und Studenten übernachtet. Es war eine der ersten Herbergen dieser Art überhaupt. Da diese Herberge am Preist oft überfüllt war, schloss Münker mit dem Hilchenbacher Schützenverein 1911 einen Vertrag, dass die alte Schützenhalle im Langen Feld auch als Herberge genutzt werden durfte.

Da die Jugendherberge am Preist mit der Zeit den Ansprüchen nicht mehr genügte, plante Münker 1928 den Bau einer völlig neuen Jugendherberge in Hilchenbach. Ein Grundstück auf dem Galgenberg mit wunderbarer Sicht über Hilchenbach wurde erworben. Am 5. Oktober 1932 erfolgte die Grundsteinlegung und die Einweihung am 3. September 1933. Zu dieser Zeit hatten die Nazis Wilhelm Münker schon aus dem Amt als Hauptgeschäftsführer des DJH getrieben. Erst 1971 wurde diese Herberge nach dem Hilchenbacher Ehrenbürger genannt. Übrigens ist Wilhelm Münker bis heute der einzige Ehrenbürger dieser Stadt. Als der Galgenberg später aufgeschlossen wurde, kaufte der Fabrikant Münker ein großes Areal unterhalb der Herberge, um den herrlichen Ausblick zu erhalten. Leider verkaufte die Wilhelm-Münker-Stiftung nach dem Tode von Münker dieses Stück und es wurden hier Häuser errichtet.

1983 sollte die Jugendherberge für immer geschlossen werden. Aber nach erfolgreicher Spendenaktion wurde sie 1986 neu renoviert wieder eröffnet. Sie ist noch die einzige Jugendherberge in Siegerland – Wittgenstein und zählt zu den kleinsten im Landesverband. Sie hat 66 Betten und jährlich fast 5.000 Übernachtungen.

Hoffen wir, dass dieses Haus auch in Zukunft erhalten bleibt, denn Hilchenbach ohne eine Wilhelm-Münker-Jugendherberge wäre undenkbar.

Wilhelm Münkers Wirken ging weit über die Grenzen Hilchenbachs hinaus, ja es trug Früchte in der ganzen Welt. Dieser einfache und bescheidene Wilhelm Münker war ein weit vorausschauender Mensch. So wandte er sich bereits 1917, als noch niemand an das Ende des 1. Weltkrieges dachte, an das bayerische Schulministerium. Er bat darum, nach einer Demobilisierung die Militärdecken den Jugendherbergen zu geben. Am 23. März 1929 stellte er auf der Hauptvorstandssitzung des SGV den Antrag, den Hauptvorstand um mindestens zwei Frauen zu erweitern. Der Antrag wurde zunächst nicht angenommen. Erst später befürwortete man diesen Antrag.

Nun noch einige Auflistungen aus dem Leben dieses einfachen Mannes, des Unternehmers Wilhelm Münker. 1903 Vorsitzender der SGV Ortsgruppe Hilchenbach. Durch seine finanzielle Unterstützung und seine Tätigkeit als Vorsitzender des Luftbadvereins konnte schon 1906 in Hilchenbach ein Freibad eröffnet werden. Im Jahre 1909 war er Mitgründer des Deutschen Jugendherbergswerkes. 1910 Einschreiten gegen übermäßige Reklame. 1911 erster Ankauf von Naturschutzgebieten, da die Fichte den Laubwald verdrängte. Anno 1918 wurde er Leiter des Heimat- und Naturschutzausschusses des SGV. 1919 wurde er Geschäftsführer des Deutschen Herbergsverbandes mit Sitz in seinem Haus in Hilchenbach. 1933 wurde er aus diesem Amt vertrieben und die Geschäftsstelle wurde nach Berlin verlegt. Im Jahre 1933 wurde Münker zum Leiter der Arbeitsgemeinschaft gegen die Auswüchse der Außenreklame. So war es ihm zum großen Teil zu verdanken, dass die Werbung auf den Güterwaggons der Bundesbahn unterblieb und Reklameschilder von den Autobahnbrücken abgenommen wurden.

1941 Leiter zur Rettung des Laubwaldes. Von 1945 bis 1949 wurde er wieder Hauptgeschäftsführer des DJH mit Sitz in Hilchenbach. 1947 Mitgründer der Schutzgemeinschaft Deutscher Wald. Leiter des Ausschusses für Schulwegebau wurde er 1956. Im Jahre 1958 wurde die Wilhelm-Münker-Stiftung gegründet.

Wenn auch viele Plätze, Wege, Erinnerungssteine usw. an Wilhelm Münker erinnern, hatte er zu Lebzeiten fast alle Orden und Ehrungen abgelehnt. Ja, er war in dieser Beziehung schon etwas eigenartig. Die Hilchenbacher Schulkinder erhielten im November 1949 den Auftrag, sich Rüben zu besorgen und daraus Laternen zu schnitzen. Die Bevölkerung mit den Schulkindern erwies nämlich am 29. November mit einem großen Fackelzug dem Ehrenbürger Wilhelm Münker, der an diesem Tage 75 Jahre wurde, die Ehre. Münker ließ sich dabei, trotz vieler Reden, leider nur kurz am Fenster sehen. Trotzdem blieb der Eindruck, dass es sich um einen bedeutenden Menschen handeln musste, wenn eine ganze Stadt wegen seines Geburtstages in einem Fackelzug zu seinem Haus zog.

Aber Ehrenmitglied war er im Deutschen Jugendherbergswerk, im Deutschen Naturschutzring, im Verband Deutscher Gebirgs- und Wandervereine sowie im Siegerländer Heimatverein. Weiterhin akzeptierte er die Freiherr-von-Stein-Medaille in Gold. Aber auch seine Heimatstadt Hilchenbach zeichnete Wilhelm Münker 1944 mit der Ehrenbürgerwürde aus, wobei die nationalsozialistische Partei die Aushändigung dieser Urkunde untersagte. Nach der kommunalen Neugliederung bestätigte 1969 der neue Rat der Stadt Hilchenbach urkundlich die Ehrenbürgerwürde.

Dieser ganz bescheidene, ja spartanisch lebende Münker aus Hilchenbach lebte in keinem friedvollen Jahrhundert. Er scheute aber nicht, seine Eingaben im Rucksack in die Parlamente zu tragen und in Wanderkluft bei Ministerien und Behörden vorzusprechen. Seine Arbeit ließ ihn zu einem besonders wertvollen Staatsbürger reifen, dem man die Achtung nicht versagen konnte. So schrieb am 5.11.1965 eine große deutsche Tageszeitung: „Die leidenschaftliche Anteilnahme an öffentlichen Sachen",- so wie sie Wilhelm Münker aus Hilchenbach uns vorlebte- „ist die staatsbürgerliche Tugend, der wir am allerdringendsten bedürfen."

7. Begebenheiten

Plötzliche Eingebung rettete sieben Leben

Es war Sonntag, der 8.April 1945, und wir hatten einen fast wolkenlosen Himmel über dem Siegerland. Der zweite Weltkrieg ging langsam zu Ende, und die Kriegsgegner hatten schon deutschen Boden erobert. Auch im Siegerland hatten sie schon Einzug gehalten. Aber der erbitterte, unnötige Kampf dauerte immer noch an und forderte täglich noch sehr viele Opfer. Ich war 5 1/2 Jahre alt, so dass sich die Erinnerungen schon ein wenig bei mir speicherten. Spät nachmittags stand Dahlbruch wieder einmal unter Beschuss. Die Pimpfe der Hitlerjugend zogen mit Fanfaren durch die Gemeinde und bliesen Alarm, denn die Sirenen waren schon lange defekt. Die Leute stürmten wieder einmal in die Luftschutzbunker oder in den Keller, um sich besser in Sicherheit zu wiegen. Auch wir mussten in unseren Keller, denn die Einschläge wurden immer heftiger.

Unser Haus hatte einen sehr kleinen Keller, denn das Haus war 1893 nach dem verheerenden Brand in Müsen in sehr kurzer Zeit gebaut worden. Meine Großeltern mit Familie waren noch im selben Jahr eingezogen, daher auch nur ein kleiner Kellerraum. Zum Flakgeballer kam noch Fliegergeheul hinzu. Unser Vater, der die Lage draußen noch einmal inspiziert hatte, sagte, der Beschuss komme aus Richtung Netphen. Die Einschläge kamen immer näher. Mein Vater hatte schon im ersten Weltkrieg gedient und war damals dienstverpflichtet. Er leitete den Luftschutz in Dahlbruch und war Amtsbrandmeister des Amtes Keppel, hatte also mancherlei Erfahrung.

Dahlbruch war wegen der großen Maschinenfabrik „Siemag" schon ein begehrtes Angriffsziel, doch der Artilleriebeschuss hatte diesmal ein anderes Ziel. Der Rückzug deutscher Truppen sollte gestoppt werden. Er verlief über Dahlbruch, Müsen und den Stoß ins Sauerland. Deswegen müssen wohl die Straßen das Hauptangriffsziel gewesen sein. An der dafür günstigsten Kreuzung wohnten wir. Weiterhin war unmittelbar hinter unserem Haus, in „Doktors Wäldchen", eine Funkstation der Deutschen Wehrmacht.

Wir hockten zu siebt im Keller, und ich weiß nicht mehr, was für Gedanken und Ängste uns damals bewegten. Ich weiß nur, dass Vater und Mutter sich plötzlich heftig stritten. Was war los? Was war der Grund, sich in einer solch erbärmlichen Situation zu streiten? Für Vater war der Keller nicht sicher genug! Er trieb uns aus dem Haus, ja, er warf uns einfach hinaus. Und dies geschah im größten Trommelfeuer, dass Dahlbruch je erlebt hatte. Es dauerte 1 1/2 Stunden. Mutter wollte nicht hinaus, und deswegen war auch der Streit.

Wohin? Wohin? Wir machten uns auf den Weg in die Aspe. In unserm Garten und halb auf der Straße (heute Karl-Kraus-Straße) war der erste Trichter, den wir umlaufen mussten. Im gerade zusammen geschossenen Schuppen vom langen Haus meckerten noch die Ziegen. Es krachte bitterlich! Noch keine 100 Meter von unserem Haus entfernt – wir müssen erst wenige Schritte in der Waldstraße gegangen sein – kehrte Vater und mein ältester Bruder Horst wieder um. Ob sie das plötzlich verlassene Haus abschließen wollten, oder noch etwas Hab und Gut holen, ich weiß es nicht.

Als sie zurückkamen, trauten sie ihren Augen nicht! Was war geschehen? Unser Haus hatte schon einen Volltreffer abbekommen, und dieses nur wenige Augenblicke, nachdem wir das Haus verlassen hatten. Eine Granate war in das einzige Kellerfenster hinein geflogen und dann explodiert. Die Detonation war so heftig, dass ein Viertel des Hauses, über Eck, nicht mehr vorhanden war. Die gewaltige Explosion erfolgte in einem Raum, in dem vor wenigen Augenblicken noch sieben Menschen waren. Keiner von uns hätte überlebt!

Woher hatte unser Vater diesen mutigen und doch so segensreichen Entschluss, uns ins Trommelfeuer hinauszujagen? War es seine Erfahrung oder reiner Zufall, hatte er vielleicht von Gott die Kraft für diese Entscheidung bekommen?

Mutter ging mit uns, vier Kindern, durch den Wald nach Müsen. Ich weiß nicht mehr, was für erschütternde Bilder uns noch alle begegnet sind. An alles kann ich mich nicht mehr erinnern. Ich weiß nur noch, dass meine kleine Schwester Karin, ein paar Nägel in den Händen hatte, die ihr Begleiter waren. Es war das einzige, was wir mitgenommen hatten. Wir landeten in Müsen bei Verwandten in der heutigen Kirchstraße. Vater und der älteste Bruder kamen später zu uns. Wir hausten in einem überfüllten Haus, mehr in dem Keller als in der Wohnung. Zwei Tage später rollten amerikanische Truppen noch Müsen ein. Ich weiß noch genau, dass ich als vorwitziger Knirps auf einen Panzer geklettert bin. Dann bekam ich von einem Schwarzen Schokolade und Zigaretten geschenkt. Zu Hause sagte man mir, vor allen meine Oma, die schon vorher nach Müsen gegangen war: „Werft alles weg, es ist alles vergiftet!" Es war nichts vergiftet, und ich habe die

Schokolade genossen, wie wohl nie wieder ein Stück. Es muss meine erste Schokolade überhaupt gewesen sein, die ich bekommen habe.

Da die Platzverhältnisse in dem Haus untragbar waren, bekamen wir ein paar Tage später eine Notunterkunft bei der Siemag angeboten, wo bei der SMS später die Personalabteilung einmal war. Als wir in Dahlbruch ankamen und die Unterkunft betreten wollten, wurde sie von den Amerikanern beschlagnahmt. Was nun? Wohin? Wieder lagen wir auf der Straße! Da plötzlich sagte einer von Zimmers, der unsere Hilflosigkeit erkannt hatte: „Geht mit uns, ihr könnt bei uns in der Waldstraße wohnen." Heute noch möchte ich der Familie Zimmer für dieses großzügige Entgegenkommen meinen herzlichen Dank aussprechen. So zogen wir recht und schlecht bei Zimmers ein. Da auch dieses Haus schon überfüllt war, schliefen meine beiden ältesten Brüder Horst und Kurt gegenüber im Hause Johe.

Die Waldstraße war zur damaligen Zeit wohl die schönste Straße Dahlbruchs. Und deswegen geschah es auch, dass sie ein paar Tage später innerhalb weniger Stunden für die Amerikaner komplett geräumt werden musste. Aber diesmal hatten wir ein wenig Glück in unserem Unglück, denn nur die Häuser Zimmer und Johe wurden nicht besetzt. So hausten wir bei Zimmers mitten im besetzten Gebiet bei nächtlicher Ausgangssperre. Ende August 1945 zogen wir wieder in die hinteren Räume unseres Hauses notdürftig ein.

Dies waren die Ereignisse der Familie Otto Bensberg sen. zu Kriegsende, und wie viel unsagbar schweres Leiden und Elend hat dieser verheerende Krieg gebracht. Wer hat denn eigentlich durch ihn etwas gewonnen? Nur eins ist sicher, Europa hat durch den zweiten Weltkrieg gelernt!

Säugling zwischen warme Backsteine gelegt

Die heutige Hebamme ist an einer staatlichen Hebammenlehranstalt ausgebildet worden. Sie ist eine behördlich geprüfte und zugelassene Geburtshelferin und hat das Recht, Schwangere zu beraten und Geburtshilfe zu leisten. Weiterhin betreut sie Wöchnerinnen und Kinder während der ersten zehn Tage. Jede Gebärende ist verpflichtet, eine Hebamme hinzuzuziehen. Dies ist alles durch das Hebammengesetz vom 21. Dezember 1938 geregelt.

Die Niederkunft findet heutzutage fast ausschließlich im Kreißsaal in einem Krankenhaus statt. Der Neuankömmling erblickte früher auf dem Lande, wo kein Krankenhaus vorhanden war, fast immer im Elternhaus unter Mithilfe der Hebamme das Licht der Welt. Die Geburtshelferin musste einst die Entscheidungen alleine treffen. Es war kein Arzt, wie heute in den Krankenhäusern, zur Stelle. Der Arzt wurde erst bei schweren Komplikationen benachrichtigt. Dies war alles mit Problemen verbunden, denn es gab keinen Fernsprecher, Handy bzw. kaum einen fahrbaren Untersatz. Nur die großen Bauern und die Wohlhabenden benutzten die Pferdekutsche.

Kurz nach dem Ende des zweiten Weltkrieges bis 1965, also fast zwei Jahrzehnte, war in Dahlbruch ein kleines Krankenhaus und zwar der Vorläufer der heutigen Bernhard-Weiss-Klinik in Kreuztal/Kredenbach. Zu dieser Zeit wurden in Dahlbruch noch reichliche Geburten registriert. Durch Abbruch der Klinik verlagerten sich die Niederkünfte mehr nach Kredenbach, aber auch die Hausentbindungen wurden immer weniger. So hat auf Dahlbrucher Gebiet über Jahre kein neuer Erdenbürger mehr das Licht der Welt erblickt.

Eine dieser letzten sogenannten Haushebammen in Dahlbruch war Frau Anna Schlag, geb. Hirsch. Der Name Haushebamme deswegen, da sie nur in den Wohnhäusern ihre Tätigkeit ausübte und nicht in einer Klinik. Sie wurde am 02. September 1877 in Dahlbruch geboren und heiratete 1898 Eduard Schlag, Meister in der Werkzeugmacherei bei der Firma Gebr. Klein in Dahlbruch.

Der Berufsweg von Anna Schlag begann quasi am 15. Januar 1901, als in Dahlbruch mit der Gemeindeschelle bekanntgeben wurde, dass eine Bezirks-Hebammenstelle durch Ableben einer Hebamme frei geworden sei. „Frauen und Jungfrauen zwischen 20 und 30 Jahren, die unbescholten und insbesondere nicht außerehelich geboren haben, Neigung zum Hebammenberuf besitzen und sich gegebenenfalls ausbilden lassen, werden gesucht. Diese müssen sich beim Gemeindevorsteher binnen acht Tagen melden." Auch Frau Schlag meldete sich mit weiteren Frauen. Der Vorsteher leitete die Anmeldungen zum Amtmann nach Stift Keppel, der mit über die Eignung nach Auskünften zu entscheiden hatte.

Da mehrere geeignete Personen in die engere Wahl kamen, wurde für Donnerstag, den 27. Juli 1901, in der Schule zu Dahlbruch eine Frauenversammlung einberufen, in der sie ihre spätere Hebamme selbst wählen konnten. Was für eine unglaubliche Demokratie vor über 100 Jahren gab es damals schon in Dahlbruch. Laut Anwesenheitsliste, die dem ausführlichen Protokoll beigefügt war und im Hilchenbacher Stadtarchiv lagert, waren 114 wahlberechtigte Frauen anwesend. Die Wahl gewann Anna Schlag. Sie nahm die Wahl mit den ihr auferlegten Bedingungen durch Unterschrift an. Sie verpflichtete sich, die Hebammenschule mit einer Abschlussprüfung in Paderborn zu besuchen, nach Inkrafttreten den Beruf wenigstens drei Jahre in Dahlbruch auszuüben und danach bei Beendigung oder

Wechsel wenigstens ein halbes Jahr vorher zu kündigen. Andernfalls müssten alle Ausbildungskosten, die von der Gemeinde getragen wurden, zurückerstattet werden. Schon zwei Tage später wurde dem Kreisarzt für weitere Entscheidungen die Wahl von Anna Schlag mitgeteilt.

Bereits Anfang 1902 erhielt sie die Berechtigung zur selbstständigen Ausübung des Hebammenberufes durch bestandene Prüfung mit der Zensur 1 (sehr Gut). In Paderborn wurde am 24. Januar 1902 das Prüfungszeugnis durch die Prüfungskommission von Regierungs- und Medizinrat Dr. Krummacher sowie Dr. Georg (Direktor/geheimer Medizinalrat) und Dr. Helwings (Kreisarzt) unterzeichnet. Hebammen sind Fachfrauen rund um die Geburt, von der Schwangerenvorsorge und Geburtsvorbereitung bis zur Nachfrage im Wochenbett und der Rückbildungsgymnastik, sowie bei allen Fragen zum Stillen. Anna Schlag hatte ihren Dienst als Hebamme, nach Vertrag mit der Gemeinde Dahlbruch und eine Bestätigung durch den Landrat, im Februar 1902 begonnen und ihn genau nach 40 Jahren, nämlich Ende Januar 1942 eingestellt. Im Jahre 1909 baute das Ehepaar Schlag in der Müsener Straße in Dahlbruch ein nettes Einfamilienhaus, in dem Anna bis zu ihrem Tode 1960 mit ihrem Mann wohnte. Zurzeit wohnt ihre Enkelin in diesem Gebäude.

Heute kommen Neugeborene, die weniger als fünf Pfund wiegen, sofort vom Kreißsaal in den Brutkasten, der unter anderem eine gleichbleibende Temperatur hat. Dieser wird umgehend mit dem Neugeborenen in die Kinderklinik befördert, da hier bessere Voraussetzungen, wie anderswo, für solche Situationen sind. Ja, wir haben heute im Siegerland sogar einen Baby-Notarztwagen. Solche technischen Hilfsmittel gab es früher natürlich nicht, aber die zu leicht Geborenen gab es schon. Anna versuchte auch diese Kleinstkinder, die sogenannten Frühchen, am Leben zu erhalten. Sie legte die Kleinen zwischen Steine, die vorher im Backofen angewärmt wurden. Diese Backsteine, die längere Zeit die Temperatur behielten, wurden beim Erkalten durch neu angewärmte unter einem Wolltuch ausgewechselt. Diese einfache Methode von Anna, die auch Erfolg hatte, könnte man als Vorläufer der Brutkästen bezeichnen.

Bei Schlag's Anna erblickten natürlich nicht nur Leichtgewichtige das Erdenlicht. Einer der schwersten Neugeborenen, bei denen sie Geburtshilfe geleistet hatte, erblickte in ihrer unmittelbaren Nachbarschaft das Licht der Welt. Es ist der Autor dieser Zeilen, der bei der Geburt über elf Pfund wog. Schlicht und einfach, wie früher alles war, waren auch die Instrumente einer Hebamme. So war das sogenannte alte und bekannte Hebammenköfferchen mit Utensilien das einzige, was Anna zur Entbindung mitbrachte. Die Geburtszange, die bereits 1620 in England im Gebrauch war, lag natürlich immer im Köfferchen. Ein ausführliches Tagebuch musste damals von allen Hebammen geführt werden. Aber auch gewisse medizinische Verordnungen und gesetzliche Bestimmungen wurden ihnen auferlegt.

Bei Dunkelheit nahm unsere Geburtshelferin, um unter anderem sicheren Fuß das Ziel zu erreichen, stets eine Sturmlaterne mit. Auch in der Stube, wo die Geburt von statten ging, wurde diese Laterne als Lichtspender aufgestellt. War das Zimmer dann immer noch nicht hell genug ausgeleuchtet und im Hause kein weiterer Leuchter mehr vorhanden, wurde in der Nachbarschaft noch eine Lampe ausgeliehen. Dahlbruch bekam zwar 1911/12 elektrisches Licht, aber wegen der hohen Kosten schlossen viele Hauseigentümer nur zögernd an. Die Straßenbeleuchtung kam noch viel später. Somit war die Sturmlaterne noch viele Jahre danach nachts Annas Begleiter.

Anna Schlag hat in langer und treuer Berufsarbeit bei mehr als 1 800 Geburten Hilfsmaßnahmen während der Geburt zur Abwendung von Gefahren für Mutter und Kind eingeleitet. Was wird die gute Frau Schlag in den vier Jahrzehnten bei diesen vielen Geburten an Freud und Leid nicht alles erlebt haben. Von der Geburt bis acht Wochen danach ist die Wochenbettzeit. Es war damals eine kritische Zeit für die Wöchnerinnen, denn in dieser Zeit bilden sich die schwangerschaftsbedingten Körperveränderungen weitgehend zurück. Infolge einer Infektion bei den Geburtswehen trat früher häufig das schlimme Wochenbettfieber auf. Da man noch kein Antibiotika kannte, verstarb manchmal die Mutter hieran und der Säugling brauchte eine Amme.

Große Armut herrschte damals bei den meisten Menschen. Entsprechend fiel auch das Honorar für eine Hebamme aus. Wenn auch die Gebührenordnung für die Bezirkshebammen vom Regierungspräsident im Juli 1903 eindeutig geregelt und veröffentlicht worden ist, hatte Frau Schlag oft keinen Pfennig für die Geburtshilfe bekommen. Trotzdem hatte sie ihren Beruf geliebt und ist eine angesehene, respektvolle Kapazität geworden.

Stahlhelme wurden zu Jaucheschöpfern umgebaut

Als ich im Oktober 1946 in Dahlbruch eingeschult wurde, war Deutschland zum großen Teil noch ein Trümmerfeld, und es herrschte bittere Armut. 66 Schulanfänger wurden seinerzeit vom Jahrgang 1939 eingeschult. Es war zahlenmäßig wohl der stärkste Jahrgang, den Dahlbruch je gehabt hatte. Ich startete die Schule mit einem Ranzen, den zuvor mein Bruder Kurt schon acht Jahre getragen hatte. Er diente mir meine ganze Schulzeit. Zum

Schluss wurde er zur Tasche umgearbeitet und ich nahm ihn noch mit in die Lehre.

Um die Not zu lindern, hatten die meisten Siegerländer Familien nach dem letzten Krieg noch eine kleine Landwirtschaft. Wenn auch in verschiedenen Häusern eine oder mehrere Kühe standen, so waren die Ziegen, die Kühe des kleinen Mannes, doch dominierend. Wer zwei oder drei solcher Bergmannskühe besaß, hatte wöchentlich gut ein Pfund Butter. Aber auch ein Hausschwein, Hühner und Hasen gehörten fast immer dazu. Die Mümmelmänner wurden nicht wie heute für die Kinder gehalten, sondern sie dienten ausschließlich der Ernährung. Krieg und Hunger hatten die Menschen schon abgehärtet und so brachte man als Junge auch einen Hasen oder ein Ziegenlämmlein zum Schlachten fort. Fast alle Hausabfälle verfütterte man wieder. Selbst die Knochen wurden zu Mehl gepresst und für die Tiere verwendet.

Es gab auch sonst nur wenig Abfall, denn es wurde fast alles Brennbare verfeuert. Aus diesem Grunde kannte man auch keine Müllabfuhr. Allerdings füllte man mit dem Restmüll oft die uralten Hohlwege, die Kulturnarben der Vergangenheit. Die Wälder waren im Gegensatz zu heute wie gekehrt. Selbst Tannenzapfen und Reisig sammelte man noch, um Feuer anzuzünden. Waren die Zapfen feucht, trocknete man sie im Backofen. Ja, man grub sogar Wurzelstöcke für Brennholz aus. Öl pressten die Siegerländer aus den gesammelten Bucheckern. Viele eingesessene Familien bearbeiteten noch den Hauberg. Natürlich mit der Axt und nicht mit der Motorsäge. Aber auch das Lohschälen an den jungen Eichenstämmen war üblich.

Eine Wasserspülung kannte kaum jemand, sondern ein Plumpsklosett war vorhanden. Die Sekrete von Mensch und Tier wurden mit dem Mist zur Düngung von Garten, Feld und Wiese benötigt. Daher gab es auch kein

Klärwerk. Allerdings verwendete man auch nur die natürliche Seife und nicht die Chemie. Da Toilettenpapier Mangelware war, hing in Blättern geschnittenes Zeitungspapier auf dem stillen Örtchen. Im Winter musste man Acht geben, dass man hier nicht fest fror. Sogar die Wasserdüngung der Wiesen war noch üblich. Die kleinen Gräben hierzu wurden jedes Jahr, damit das Nass hierin richtig rinnen konnte, fachgerecht ausgehoben. Selbst Pferdeäpfel, die auf den Straßen lagen, sammelte man und verwendete sie als Dünger für den Garten.

Jede Familie hatte seinerzeit einen großen Nutzgarten, in dem auch Tabakpflanzen standen. Unsere Familie bearbeitete außer unserem Hausgrundstück noch fünf Gärten bzw. Felder, wo heute in Dahlbruch Häuser stehen. Das Obst von den Siegerländer Bäumen wurde im Gegensatz zu heute vollkommen verwendet. Oft sind wir im Herbst über Zäune geklettert und haben mit fremdem Obst unseren Hunger etwas gestillt. Es gab keine fettleibigen Menschen. Es blieb nichts brach liegen. Selbst Böschungen und Ränder mähte man für die Grünfütterung. Vier Zentner Kartoffeln kellerte man pro erwachsene Person ein. Heute dagegen nicht mal ein Viertel dieser Menge.

Es gab jeden Abend Bratkartoffeln, die mit etwas fettem Speck und Zwiebeln gebraten wurden. Aus diesem Grund züchtete man das Hausschwein auch so, dass es einen ganz dicken Speck bekam. Für den Eigenbedarf setzte man Kartoffeln aufs Feld. War kein Zugtier vorhanden, zogen zwei Menschen den Pflug. Bei festem, schwerem Boden wurde noch einer davor gespannt. Es gab nur ganz wenige Autos, auch einen Traktor sah man kaum. An den Rändern der Landstraßen lagen schon mal Aschehaufen, die von den Holzvergasern waren. Das Hauptzugtier war seinerzeit die Kuh, die dabei aber auch noch genug Milch geben sollte. Wenn zwei Kühe vor dem Wagen gespannt waren, sah man manchmal eine mit einem Maulkorb. Als

Kind habe ich immer gedacht, dass diese Kuh bissig ist. Erst Jahrzehnte später ist mir berichtet worden, dass dieses Tier vom Nachbarn, der nur eine Kuh und wenig Felder hatte, ausgeliehen worden war. Sie sollte nicht noch das wenige Heu oder Gras, was der Nachbar hatte, fressen.

Nur ganz wenige Häuser hatten eine Heizungsanlage. Feuerstellen gab es nur in der Küche, Wohnzimmer und Waschküche. In der Küche loderte das Feuer im Herd jeden Tag. Im Wohnzimmer brannte der Ofen nur an Sonn- und Feiertagen in der kalten Jahreszeit. Nicht nur die Wäsche wurde im Waschkessel gekocht, sondern beim Schlachten benutzte man ihn auch. Die Winter waren damals kälter als heute. Darum waren auch viele Fensterscheiben, da man noch keine Jalousien und Thermopanescheiben hatte, in der kalten Jahreszeit komplett mit Eisblumen behaftet. Als Kinder hauchten wir gerne ein Guckloch in diese Scheiben. Durch Backsteine, die man zuvor im Herd erwärmte, war das Bett im eiskalten Schlafzimmer doch noch mollig warm. Die Stall- und oft die Hintertüre wurden im Winter mit Farn- oder Strohgarben innen abgedichtet.

Jedes Haus hatte einen mit den Händen zu ziehenden Leiterwagen, der oft benötigt wurde. Bei der Heueinfuhr bekam er einen Aufsatz, so dass er eine große Auflagefläche für die schweren Heutücher hatte. Diese wurden, da sehr hoch beladen, mit einem Strick fest gezurrt. Die vollen Heutücher zog die menschliche Muskelkraft mit einem Rollseil auf den Dachboden. Bei dieser Gelegenheit holte man auch schon mal einen Krug Bier aus der Gaststätte, denn Flaschenbier wie heute gab es nicht. Übrigens wurde das Gras fürs Heu schon bei Tagesdämmerung vor Arbeitsbeginn mit der Sense abgemäht. Gewendet usw. wurde das Heu natürlich mit der Hand. Hatte man nicht genug Stroh, holte man mit dem Leiterwagen bzw. mit dem Schubbock trockenes Farnkraut aus dem Walde und streute es in den Ziegenstall.

War im Frühjahr nicht mehr genug Futter vorhanden, wurden die Ziegen, da sie gerne die frischen Triebe fressen, im Niederwald gehütet.

Im Herbst mussten die Meckertiere immer zum Ziegenbock geleitet werden. Jeder Ort besaß deswegen eine Bockstation. Dahlbruch hatte zwei solcher Stationen. Der Geruch von diesen Böcken war penetrant. Wollte oder konnte die Hibbe nicht laufen, wurde sie mit dem Leiterwagen zur Begattung gefahren. Da dieses Gefährt fast nur aus Holz bestand, schrumpfte in der heißen Sommerzeit alles zusammen. Da die verzapften Stellen fest sein sollten, fuhr man den Wagen in einen Bach. Hier wurde er mit nassen Tüchern behängt, die man öfters mit Wasser übergoss.

In jedem Hause war eine Nähmaschine und jeder Lappen wurde aufgehoben, denn er konnte ja als Flicken wieder verwendet werden. Die filterlosen Zigarettenkippen, die die Besatzungsmächte wegwarfen, wurden aufgehoben und neue Zigaretten davon gedreht. Auch die Kerzenstummel sammelte man und schmolz sie für neue Kerzen wieder ein. Es gab damals nur ganz wenige Telefone. Da mein Vater Amtsbrandmeister des Amtes Keppel war, hatten wir eins. Es war die reinste öffentliche Telefonzelle. Oft habe ich Leute ans Telefon holen müssen. So kann ich mich noch gut erinnern, dass ich oft den Bürgermeister von Dahlbruch und einen Oberingenieur der Siemag aus etwa 400 Meter Entfernung ans Telefon geholt habe.

Um die Hungersnot für die Kinder zu lindern, gab es in der Schule die sogenannte Quäkerspeise, die meistens aus Nudeln bestand. Hierfür hatten viele Kinder auch ich eine Konservendose. An ihr war oben ein Draht als Henkel befestigt. Quäker ist eine religiöse Gesellschaft in Amerika, die diese Speisen durch Spenden ermöglichten. Es darf nicht unerwähnt bleiben, dass auch die nordischen Staaten ihr Scherflein für diese Speisen beigetragen hatten. Da bittere Armut herrschte, ist es auch nicht verwunderlich, dass die Lehrkräfte noch ihre - etwas abgeänderte - Uniform während des Unterrichts trugen. Zu den Schreibutensilien gehörten seinerzeit noch die Schiefertafel mit Griffel und Schwamm, sowie das Tintenfass mit Federhalter und auswechselbarer Feder.

In fast jeder Familie war eine handbetriebene Haarschneidemaschine. Sie war nicht immer gut geschliffen und riss oft die Haare vom Kopf. Da für den Friseur das Geld fehlte, behandelten auch die Frauen ihr Haar selbst. Dies geschah u. a. mit der Haarwellenzange, die vor Gebrauch im Backofen erwärmt wurde. War sie zu heiß, verbrannte natürlich die Haarpracht. Man wohnte seinerzeit viel beengter als heute. Aus diesem Grunde gab es auch ganz wenige Badezimmer. Gebadet wurden die Kleinkinder in einer Wanne und das Wasser musste oft für mehrere reichen. Das schmutzigste Kind wurde natürlich darum zuletzt gewaschen.

Die Not macht natürlich wie immer auch damals erfinderisch. So wurden aus Patronen Feuerzeuge hergestellt. Stahlhelme wurden zu Jaucheschöpfern, Nachttöpfen und Siebschüsseln umgebaut. Da viele Glocken im Krieg für die Rüstungsindustrie eingeschmolzen waren, baute man aus halben Fliegerbomben Ersatzglocken. Auch Brieföffner wurden aus den dazu passenden Bombensplittern hergestellt und noch viele andere Produkte wurden aus Kriegsmaterial gefertigt.

Durch die Hungersnot wurde die Bevölkerung quasi zum Hamstern gezwungen. Wer Hamstern wollte, musste natürlich etwas zum Eintauschen haben. Die Dahlbrucher hatten etwas zum Tauschen. In der alten Turnhalle war ein großes Lager von Kartoffel- und Fruchtsäcken, die man heimlich organisierte. Eine Firma aus dem Aachener Raum hatte sie im Frühjahr

1945 hier deportiert. Bei einem hiesigen Busunternehmen wurde in einer Halle ein ganzes Lager mit Sterncheszwirn entdeckt. Es waren Teile, die man kaum kaufen konnte und sich daher zum Tausch prima eigneten.

Da es noch keine Legebatterien gab, sah man öfters eine Henne mit Nachwuchs. Sonntags ließ man die Ziegenlämmer mit dem Schwein in den umzäunten Hof. Dabei musste das Hausschwein auch schon mal als Reittier herhalten.

Ich möchte noch eine Begebenheit, die ich Anfang der 50er Jahre, als es schon wieder Aufwärts ging, erlebt habe, auflisten. Mit dem Metzgermeister aus der Nachbarschaft fuhr ich ins Wittgenstein, um Vieh zu holen. Wir fuhren mit einem alten Buckeltaunus, an dem ein großer Viehanhänger war, los. In den Hänger kam der Stier, der mit Handschlag gekauft wurde. Aber auch noch zwei Kälber und ein Kuhfell wurden noch mit Handschlag gekauft und mitgenommen. Sie kamen hinten in den Taunus, wo zu Hause schon die beiden Sitze demontiert waren. Meine Aufgabe bestand nun darin, die Kälber von Fahrer und Steuerrad fernzuhalten, damit wir wieder heil nach Dahlbruch kamen.

Übrigens war der Winter 1945/46 sehr hartnäckig. Von Dezember bis März herrschte ununterbrochen strenge Kälte. Viele Leitungen waren zugefroren. Es kam kein Hausbrand zur Verteilung. Die meisten Haushalte mussten mit zwei m³ Brennholz auskommen. Die Gesamtversorgung war sehr schlecht. Vor den Bäckerläden standen die Einkäufer oft schon einige Stunden vor Eröffnung in langen Schlangen, um ein halbes Brot auf Lebensmittelkarte zu erwerben. Die letzten bekamen oft kein Brot mehr. Mögen solche erbärmliche Zeiten doch niemals wieder kommen.

8. Jung Stillings Jugend

Schulmeister im Knabenalter

Man schrieb das Jahr 1755, es war kurz nach Ostern, da machte der Hilchenbacher Pfarrer Seelbach den noch nicht einmal fünfzehnjährigen Schneidergesellen Heinrich Jung aus Grund zum Schulmeister von Lützel. Die Bauern hatten nach ihm verlangt, denn die Fähigkeiten und der Ruhm dieses Jungen hatten sich schon weit verbreitet. Es war nicht zu glauben, aber ein bald 15jähriger wurde Schulmeister und unterrichtete alleine die Kinder eines ganzen Dorfes. Was muss dieser Knabe, der am 12. September 1740 in Grund geboren wurde und sich später Jung Stilling nannte, für eine unglaubliche Begabung gehabt haben. In der langen Hilchenbacher Kirchengeschichte war dieser bestimmende Johannes Seelbach, der am längsten dienende Pfarrer nämlich von 1725 bis 1768.

Das Quartier bekam der junge Schulmeister beim Lützeler Förster Klein. Dieser hatte oft mit des Knaben Großvater Ebert Jung am Meiler gesprochen, wobei eine innige Freundschaft entstanden war. Klein, der ein gebildeter Mann war, erlaubte Heinrich Jung seine Bücherei zu benutzen. Hier hatte er sich viel beschäftigt mit den Werken von Ilias und Paracelsus. Aber auch die Bücher von Jakob Böhme hatte er studiert. Ich glaube, dies alles hatte Stillings späteren Lebensweg mit geprägt.

Der junge Schulmeister ging eigene Wege. Alle bisherigen Lehrmethoden ließen ihn unbeeindruckt. Der Katechismus wurde zwar nicht vergessen, aber Jung katechisierte die Kinder ohne Buch nach eigenen Gedanken. Er erzählte ihnen Historien nicht nur aus der Bibel, sondern auch Geschichten von der schönen Magelone und der Belagerung Trojas. In Schreiben, Rechnen und Lesen unterrichtete er die Kinder.

Die Kinder lernten emsig. Deswegen waren die Eltern mit dem Schulmeister auch zufrieden. Auch mit der Bevölkerung kam er prächtig aus. So erzählte er dem Bauer Kraft eine Sage vom Kindelsberg. Er lernte ihm auch das Lied „Zum Kindelsberg auf dem hohen Schloss steht eine Linde, von vielen Ästen kraus und groß, sie saust im kühlen Winde ....." Es folgten noch 14 Strophen.

Aus diesem herrlichen Wohlgefühl machte der Knabe einen ganz tiefen Sturz! Was war geschehen? Pastor Seelbach hatte visitiert und fand die Unterrichtsmethode empörend! Rechnen? Wer hatte eigentlich dem Schulmeister geheißen, den Kindern das Rechnen zu lehren?

Jung Stilling war der Zeit weit voraus, aber Pfarrer Seelbach war nicht so weit. Deswegen erhielt der junge Schulmeister zu Martini (es war der 11. November 1755) die Kündigung. Er kehrte tief betrübt nach Grund zurück. Am Schneidertisch seines Vaters saß er nun wieder in der Ecke und führte ganz traurig die Nadel.

Da erhielt Vater Wilhelm Jung in Grund vierzehn Tage vor Weihnachten aus Dorlingen in der westfälischen Grafschaft Mark ein Brief. Der Brief kam von einem reichen Herrn Stahlschmidt, der den jungen Stilling als Hausinformator verlangte. Er sollte seine Kinder von Neujahr bis Ostern unterrichten. Dafür sollte er Kost, Trank, Licht, Feuer und fünf Reistaler bekommen. Stahlschmidt war ein berechnender Kaufmann, denn Jung sollte auch noch von den benachbarten Bauern die Kinder mit unterrichten. Das Schulgeld von diesen Leuten wollte er aber selbst kassieren. So hatte er die Ausgaben für Jung wieder raus. An diesen Forderungen merkte man, dass Heinrich, falls er das Amt annehme, ein schweres Los in der Grafschaft Mark erwarten würde.

Nun begannen die Überlegungen, was zu tun sei. Der alte Ebert, der das Leben im Hause Jung in Grund geprägt hatte, lebte schon vier Jahre nicht mehr. Auch Stillings Mutter war schon verstorben, als er 18 Monate alt war. Die blinde Großmutter saß mit ihren Kindern Mariechen, Elisabeth und Wilhelm, sowie ihrem Enkel Heinrich in der Stube. Sie hielten Rat. Es geschah nichts Unüberlegtes. Es war aus der Stillingschen Familie bestimmt noch keiner so weit weggegangen und so lange fort. Die Großmutter war dagegen, den Jungen so weit in die Welt zu schicken. Auch Mariechen schloss sich dieser Meinung an. Die Bauern in der Grafschaft Mark seien ganz grobe Leute, hatte Johann, der Bruder des Vaters aus Littfeld, verlauten lassen. Es sei besser, der Junge versuche sein Glück in der Welt, war Elisabeths Meinung. Da endlich sagte Wilhelm: "Die Entscheidung hierüber fällt mein Sohn selber.'

Stilling grämte sich noch immer, dass er die Schulstube so plötzlich verlassen musste und wieder in der Schneiderwerkstatt arbeitete. Er wusste, dass er in Dorlingen seinen Gefühlen nicht freien Lauf lassen konnte, sondern dass ihn eine höchst prosaische Arbeit erwartete. Für Heinrich war dieses immer noch besser, als zu Hause Knöpfe anzunähen und den Bauern ein Kamisol zu flicken.

Mit der Vertiefung in den Homer hatte Heinrich auf der Lützel den Hauch einer geistigen Welt gestreift. Dieses hatte er nun als erstrebenswertes Ziel vor Augen. Er wusste, dass der Weg dorthin sehr uneben und steinig war. Ebenso wusste er aber auch, dass ihm all dieses nicht von seinem Ziel abbringen durfte. Stilling beschloss die Reise nach Dorlingen, um den angebotenen Posten anzunehmen.

Voller Erwartung nahm er Abschied von den traurigen Angehörigen in Grund. Die Tränen seiner starblinden Oma, die ihn ja groß gezogen hatte, konnte er nicht ertragen. Als auch bei seinem Vater, der sich hart stellte, die Tränen rollten, riss sich Stilling los und machte sich auf den Weg zu seinem Onkel nach Littfeld. Von hier nahmen ihn Fuhrleute aus Himmelmert, die Eisen im Siegerland geladen hatten, mit. Der Onkel gab ihm zuvor noch Verhaltungsmaßnahmen mit auf den Weg, denn er kannte die rauen Gesellen durch seine Landmesserei gut. Die Reise ging übers Kölsche Heck. Über Heinrich machten sich die Fuhrleute lustig und trieben allerlei Schabernack mit ihm, was er nicht kannte. Als er sagte, ich bin der zukünftige Schulmeister ihrer Kinder, waren sie still und ließen ihn in Ruhe.

Auf dem Hofe aber auch als Schulmeister in Dorlingen begann nun eine ganz bittere Zeit für Jung Stilling. So ungehobelte Menschen wie hier kannte er nicht. Es war so, als ob sich Alt und Jung gegen ihn verschworen hätte. Der Schulmeister war hier ein Kind unter Kindern und nur sein Pflichtbewusstsein gab ihm die Kraft, sein Amt durchzuführen. Er war froh, dass er zwischendurch noch einmal nach Hause reisen durfte. Denn sein Vater heiratete die junge Witwe von Johann Heinrich Klappert – Anne Margarethe, geborene Feldmann – aus Kredenbach. Die Stiefmutter hatte ihn liebevoll aufgenommen, so dass er nicht mehr nach Himmelmert zurückkehren wollte. Aber sein Vater sagte, wir haben noch immer unser Versprechen eingehalten und halten es auch diesmal.

Als er wieder auf dem Hofe Huxholl angekommen war, gab es keinen Schulbetrieb mehr. Das Frühjahr war gekommen, und die Kinder wurden in der Landwirtschaft gebraucht. Die fünf Reichstaler waren noch nicht abgearbeitet und so musste er andere Arbeit verrichten. Heinrichs Ansehen war nun völlig dahin, auch das Unterrichten der Kinder hatte nicht hingehauen. In den Augen vieler war er ein ganz unnützer Geselle. Am zweiten

Ostern kehrte er endlich zu seinem Vater nach Kredenbach heim. Es war für Heinrich regelrecht eine Befreiung aus einer erstickenden Atmosphäre.

Trotz dieser bitteren Erniedrigung ist Jung Stilling zu einer sehr bekannten Persönlichkeit empor gestiegen. Deswegen zählt Jung Stilling auch zu den größten Söhnen, die das Siegerland je hervor gebracht hat.

Erneut Schiffsbruch als Schulmeister

Der Aufenthalt von Heinrich Jung aus Grund in Himmelbert bei Plettenberg war trotz Erniedrigungen und Bitterkeiten nicht ohne Nutzen für ihn geblieben. Hatten doch seine Weltfremdheit und Empfindsamkeit einen gewaltigen Stoß bekommen und somit sein späteres Leben mitgeprägt.

Ein Verwandter von Heinrichs Mutter (Dortchen), Pastor Göbel aus Netphen, hatte der Dreisbacher Gemeinde Jung-Stilling, wie er sich später nannte, mit seinen großen Begabungen als Schulmeister vorgeschlagen. Die Dreisbacher Gemeindeväter begrüßten dies und die Schule begann für den gerade 17-jährigen Schulmeister am 29. September (Michaelis) 1757 in Dreisbach. Der Tag verdankte seinen Namen dem Erzengel Michael und hatte in den Gemeinden des Fürstentums Siegen von jeher eine große Bedeutung. An diesem Tag begann immer das Schuljahr, das Vieh wurde von der Weide geholt, aber auch die Hirten, Knechte und Mägde bekamen ihren Lohn.

Stilling unterschied sich in Dreisbach wesentlich in Wissen, Bildung und Haltung von seinen Vorgängern, was die Dorfväter beeindruckte. Man merkte dies an seiner Erziehung und den klaren, trefflichen Antworten, die der Knabe seinem Pastor gab. Er war reifer geworden und hatte sich später hier durch Lebensbeschreibungen, Kriegsgeschichten, Kirchenhistorien usw. fortgebildet. Sein lernbegieriger Geist nahm vieles auf, was ihm als erwachsenem Manne von großem Nutzen war. Netphen gehörte schließlich zu den Urkirchen des Siegerlandes. Sein Wahlspruch lautete: „Der Herr wird's versehn".

Das Quartier mit Verpflegung bekam Stilling bei der wohlhabenden Witwe Solms in Tiefenbach. Sie hatte zwei schöne Töchter von 18 und 20 Jahren. Sie wohnten in einem alten Fachwerkhaus, welches erst nach dem letzten Kriege abgebrochen wurde. Der letzte Besitzer war der alte Friedrich Heitze. Er zeigte gerne das Eckzimmer mit seinen sechs Fenstern, in dem der Schulmeister gewohnt haben sollte. Neben der Unterrichtung der Jugend musste er auch die sonntägliche Predigt lesen. Die Netpher Kirche hatte 11 Bezirke, die 1701 in acht Schulbezirke neu geordnet wurden. Die Kirchenbezirke waren seinerzeit auch die Schulbezirke. Von daher kam auch der Name Kapellenschule. Zu dem Schulbezirk Dreisbach gehörte noch Tiefenbach sowie Nieder- und Obersetzen. Der Bezirk war seit 1651 simultan. Bereits 1239 taucht der Name Dreyspe erstmals auf. Im späten 19. Jahrhundert vereinigten sich die Orte Dreisbach und Tiefenbach zu Dreis-Tiefenbach.

Die Schule war im 17. Jahrhundert an der Kapelle angebaut worden. Die Schule war, wie auch in den anderen Orten, einklassig. Somit waren alle Jahrgänge in einer Klasse zusammen. Neben der Schule stand eine alte Linde, die später Stillingslinde genannt wurde. Sie musste 1979 dem Ausbau der B62 weichen und wurde auf 760 Jahre geschätzt. Stilling erfand allerlei Wettspiele, um die Kinder für das Lernen anzuregen. Auch ein Liebhaber der Musik war der junge Schulmeister und führte das vierstimmige

Singen ein. Er zog abends mit den älteren Kindern singend durch das Dorf, so dass die Bewohner vor die Türe kamen und ihnen andächtig zuhörten.

In der Schule malte Heinrich mit schwarzer Ölfarbe eine Sonnenuhr unter die Decke, worin die zwölf Himmelszeichen genau in 30° Abständen eingeteilt waren. Über der Uhr standen die Worte „Coeli enarran gloriam Dei"(Die Himmel erzählen die Ehre Gottes). Vor dem Fenster war ein Spiegel auf dem eine Kreuzlinie mit Farbe gezogen war. Dieser warf die Stunden des Tages, wenn die Sonne schien, genau unter die Decke. Von seinem Ohm, dem Landmesser Johann Jung aus Littfeld, hatte er diese Kunst gelernt.

Als er einige Monate in Dreisbach Lehrer war, verliebten sich die beiden Töchter seiner Gastgeberin in ihn. Er hatte Neigung zu Maria, der Älteren, unterdrückte aber die aufkeimende Liebe. Mit beiden behielt er dadurch einen freundlichen Umgang. Der Schulmeisterberuf war für Frau Solms ein schlechtes Mittel, um eine Familie zu ernähren. Ganz tragisch endete die Liebeshoffnung der älteren Tochter nämlich im Wahnsinn.

Stilling war außerordentlich bemüht, seinen Schülern viel Wissen beizubringen. Hierzu erfand er ständig etwas Neues und hielt sich nicht an die allgemeine Schulmethode, die bestimmt reformbedürftig war. Er erfand immer wieder neue Spiele, um den Kindern den Stoff regelrecht spielend beizubringen. Viele Eltern sahen diese Methode als sinnvoll an, denn er hatte Erfolg damit. Andere dagegen sahen dieses Lernen als Kinderei an. Auch die nette freundliche Art, mit der Jung- Stilling jedem im Dorf begegnete, gefiel seinen Gegnern nicht. Als er dann noch zur leichteren Erlernung die Fragen des Heidelberger Katechismus auf Karten schrieb, sie mischte und unter die Kinder verteilte, war es um ihn geschehen. Seine Gegner waren zwar in der Minderheit, verlangten aber zur Michaelis seinen Rücktritt.

Pfarrer Göbel bestellte Jung-Stilling zum Report. Dieser erzählte ihm alles, führte das Spiel vor und erklärte den großen Nutzen. Der Pastor antwortete schnell: „Mein lieber Vetter! Man darf heutigen Tages nicht bloß auf den Nutzen einer Sache sehen, sondern man muss auch allezeit wohl erwägen, ob die Mittel geeignet sind, den Beifall der Menschen zu haben, sonst erntet man Stank für Dank und Hohn für Lohn. So geht es euch jetzt, denn eure Bauern sind so aufgebracht, dass sie euch nicht länger als Michaelis behalten wollen. Ich rate euch, dankt ab und sagt, Ihr wäret des Schulehaltens müde. Ihr werdet dann gar leicht eine andere, bessere Schule als diese bekommen. Ich werde euch indessen lieb haben und euch weiterhelfen, so viel ich kann."

Dieses traf Stilling hart, denn er hatte mit solch einem Ausgang nicht gerechnet. Aber er musste seinem Vetter Recht geben. Merkwürdig war es ihm doch, wie die „meisten seiner Amtsbrüder mit weniger Fleiß und Geschicklichkeit doch mehr Ruhe und Glück genössen als er."

Warum erlitt Jung-Stilling erneut Schiffsbruch als Schulmeister? Fehlte noch etwas bei ihm? Lag es an der damaligen Schulbehörde oder trugen seine Gegner die Schuld? Bestimmt waren alle drei daran beteiligt. Wenn Jung auch wieder eigene Wege gegangen war, gehörten die Dreisbacher Kinder zu den leistungsstärksten von allen Netpher Schulen. Die schmerzlichen Absagen als Schulmeister waren, im nach hinein betrachtet, von großem Segen für ihn. Denn als Schulmeister wäre Jung-Stilling nie eine so bedeutende Persönlichkeit geworden. Genau nach zwei Jahren am Michaelistag wanderte Jung-Stilling über den Lieschberg nach Kredenbach zu seinem Vater zurück. Auf Bergeshöhe drehte er sich noch einmal um und nahm Abschied von seinem liebgewonnenen Dreisbach, wobei ihm die Tränen rollten.

Erneut Schiffsbruch als Schulmeister

i want morebooks!

Buy your books fast and straightforward online - at one of world's fastest growing online book stores! Environmentally sound due to Print-on-Demand technologies.

Buy your books online at
www.get-morebooks.com

Kaufen Sie Ihre Bücher schnell und unkompliziert online – auf einer der am schnellsten wachsenden Buchhandelsplattformen weltweit! Dank Print-On-Demand umwelt- und ressourcenschonend produziert.

Bücher schneller online kaufen
www.morebooks.de

 VDM Verlagsservicegesellschaft mbH
Heinrich-Böcking-Str. 6-8   Telefon: +49 681 3720 174   info@vdm-vsg.de
D - 66121 Saarbrücken   Telefax: +49 681 3720 1649   www.vdm-vsg.de

Printed by Books on Demand GmbH, Norderstedt / Germany